UN HOMME, UN PROGRAMME

Auguste MAHAUT

LE GRAND MARINIER DE LOIRE
L'APOTRE DES CANAUX

ÉDITIONS
DE LA "REVUE DU CENTRE"
175, BOULEVARD MALESHERBES - PARIS
ET 8, RUE DES PERRIÈRES, A NEVERS

AUGUSTE **MAHAUT**

le grand Marinier de Loire

— l'Apôtre des Canaux —

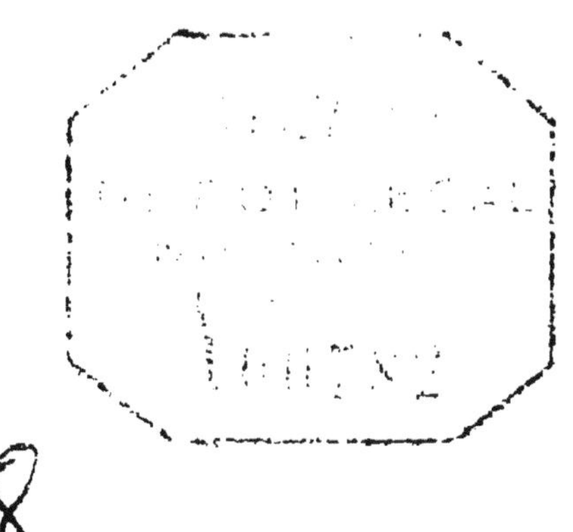

UN HOMME, UN PROGRAMME

Auguste MAHAUT

LE GRAND MARINIER DE LOIRE
= L'APOTRE DES CANAUX =

ÉDITIONS
DE LA "REVUE DU CENTRE"
175, BOULEVARD MALESHERBES - PARIS
ET 8, RUE DES PERRIÈRES, A NEVERS

AVANT-PROPOS

Depuis longtemps Auguste MAHAUT, de Marseilles-les-Aubigny, était honorablement connu sous le nom d' « Apôtre des Canaux ». Les idées dont il s'était fait l'avocat et le propagateur avaient animé maintes controverses, son œuvre rallié des appréciateurs de haute lignée, son désintéressement et sa ténacité entraîné les approbations les plus flatteuses. Cependant, à part les marques de sympathie que lui donnèrent, à titre collectif, certains groupements professionnels, et les distinctions reçues de l'étranger, aucun témoignage de la reconnaissance publique n'était venu le récompenser.

M. Abel Lamy, alors directeur du journal régional *Paris-Centre*, à Nevers, fut frappé de cette anomalie. Il résolut de susciter un hommage solennel d'admiration et de gratitude envers l'inlassable champion dont les événements justifiaient de mieux en mieux, chaque jour, la prévoyance extraordinaire comme l'indiscutable compétence.

Sur son initiative, quelques amis et admirateurs d'Auguste Mahaut se réunirent le 8 octobre 1924, dans le but de rechercher sous quelle forme pouvaient être le mieux représentés leurs sentiments à son égard. Des différentes propositions furent retenues, celle d'une plaquette artistique en bronze à lui offrir au cours d'une fête à Marseilles-les-Aubigny, et la publication d'une brochure résumant sa vie et son œuvre. Sur la plaquette figureront : son portrait, la vue de sa maison et du port de Marseilles-les-Aubigny, et la dédicace suivante :

A AUGUSTE MAHAUT,
AU GRAND MARINIER DE LOIRE,
A L'APOTRE DES CANAUX,
SES ADMIRATEURS,
SES AMIS,
1925.

Une souscription nationale sera ouverte, dont le montant couvrira les frais engagés, et le surplus reviendra au compte de M. Mahaut.

Plus tard furent constitués les Comités, l'un d'Honneur, l'autre actif, et élaboré le programme de la fête.

Le lecteur trouvera plus loin la composition des Comités. Le Comité d'honneur est réservé aux personnes que leur situation et leurs rapports avec Mahaut indiquaient clairement. Les présidents des Chambres de commerce du Cher et de la Nièvre en étaient les présidents naturellement désignés. Au Comité actif prirent place les hommes dévoués à l'apôtre et à son œuvre, et dont l'activité ainsi que les aptitudes pouvaient le mieux atteindre au but envisagé. M. Guillien qui, le premier, avait applaudi à l'initiative de M. Lamy, et déclarait : « J'ai d'autant plus de raisons de m'en réjouir que, durant plus de trente années consécutives, j'ai été témoin, presque jour par jour, du travail accompli par le rude pionnier qu'était Mahaut », fut appelé à la présidence de ce Comité. La haute présidence d'honneur fut attribuée à Achille Millien, chevalier de la Légion d'honneur, le poète du Nivernais.

Les approbations affluèrent, et les manifestations d'estime et de sympathie, dont nous ne citerons que celles de 25 Chambres de commerce, de 8 Chambres syndicales ou Groupements de batellerie et des principales Compagnies de navigation, se multiplièrent à l'égard d'Auguste Mahaut.

Tout un chapitre de la deuxième partie de la brochure est réservé à la fête, au cours de laquelle fut solennellement remise la plaquette.

La brochure est destinée à faire connaître mieux, et dans un cadre plus étendu, la vie de labeur, l'œuvre importante de l' « Apôtre des Canaux ». Elle constitue l'hommage le plus digne que pouvaient lui rendre ses admirateurs et ses amis.

COMITÉS

Haut Président d'Honneur :

Achille MILLIEN, chevalier de la Légion d'honneur, le poète du Nivernais.

Comité d'Honneur et de Patronage :

Présidents :

MM. A. HERVET, Président de la XIX° Région économique, Président de la Chambre de commerce de Bourges ;
G. PIÉLIN, Président de la Chambre de commerce de Nevers et de la Nièvre rattachée à la XIX° Région économique.

Vice-Présidents :

MM. MAGDALENAT, Vice-Président de la Chambre de commerce de Bourges ;
G. MONTAGNON, Vice-Président de la Chambre de commerce de Nevers.

Membres :

MM. ACHARD, Directeur de la *Production contemporaine* ;
ARNODIN, Constructeur de ponts à Châteauneuf-sur-Loire (Loiret) ;
BAJARD, Président de la Chambre de commerce de Roanne ;
Amiral BESSON ;
Georges BLONDEL, Professeur au Collège de France et à l'Ecole des Hautes Etudes commerciales ;
BRUNELLIÈRE, armateur à Nantes ;
BRUEL, Administrateur des Colonies en retraite ;
CHAMBAULT DE LA BRUYÈRE, Conseiller général du Rhône ;
CHAMBRE DE COMMERCE DE BOURGES ;
CHAMBRE DE COMMERCE DE NEVERS ;
Léon CHAUSSON, Administrateur-Directeur des Etablissements Poliet et Chausson ;
Yves GUYOT, ancien ministre des Travaux publics ;
Paul HAUET, ancien élève de Polytechnique, Ingénieur à Paris ;

MM. DE JUMILLY, Conseiller général de Maine-et-Loire ;
Emile MAGNARD, Président honoraire de la Chambre de commerce de Nevers ;
MORILLON, Président du Syndicat de la Batellerie ;
PETITJEAN, Directeur de la revue *Bois et Charbons* ;
RONDET-SAINT, Directeur de la *Ligue maritime et coloniale* ;
RAFFESTIN-NADAUD, Directeur de la *Revue internationale des questions économiques* ;
SYNDICAT GÉNÉRAL DE LA MARINE (Navigation intérieure), M. PÉRIER DE FÉRAL, président ;
THAUVIN, notaire à Orléans ;
Yves LE TROCQUER, ancien Ministre des Travaux publics ;
Et plusieurs Personnalités dont la liste serait trop longue.

Comité Actif :

Président :

M. GUILLIEN, Président du Conseil d'administration des Tréfileries de Fourchambault, usager des Transports par eau.

Vice-Président :

M. le Docteur SUBERT, Président de la Fédération Morvandelle de Tourisme et du Syndicat d'Initiative de Nevers.

Secrétaire général :

M. LAMY, Rédacteur en chef de *Paris-Centre* ;

Trésorier :

M. Raoul TOSCAN, bibliothécaire de la Ville de Nevers.

Membres :

MM. Edouard BÉLILE, d'une famille d'anciens mariniers ;
Docteur CRASSON, de Marseilles-les-Aubigny, fils d'agent de marine ;
Colonel DELÉCLUSE, en retraite, Officier de la Légion d'honneur ;
DESMOINEAUX, constructeur de bateaux ;
LÉGER, agent de marine, au Guétin ;
SAINTOYEN, constructeur de bateaux et entrepreneur de transports par eau.

AVERTISSEMENT DE L'AUTEUR

Auguste MAHAUT, le grand Marinier de Loire, l'Apôtre des Canaux, forme le sujet de cette étude. L'énoncer est dire le sens et la division de cette brochure.

Les mariniers ligériens ont presque tous disparu. Je devais les faire revivre, conserver leur physionomie, leurs mœurs, les conditions de leur travail, leur histoire. J'ai essayé d'atteindre ce but dans la première partie.

Ont été consultés à cet effet : l'ouvrage de Mantellier sur La Communauté des Marchands fréquentant la Loire, *Léon Gueneau dans* Les Conditions du travail en Nivernais aux XVIIe et XVIIIe siècles ; La Loire, *par Imbart de la Tour.* MM. Guillien, Edouard Bélile, qui ont pratiqué un peu l'ancienne navigation sur la Loire ou les canaux, Francis Guyonnet, le narrateur des aventures de nos mariniers nivernais, que je tiens à remercier ici, et la tradition orale, m'ont fourni d'utiles et autorisés renseignements.

Les canaux ont trouvé en MAHAUT l'animateur compétent, l'avocat opiniâtre autant qu'habile, l'apôtre fougueux et désintéressé. Exposer sa vie, ses projets, son œuvre ; résumer son action avec méthode et clarté ; participer à sa propagande en faveur d'une cause éminemment importante pour la grandeur et la prospérité économique de notre France, telle est la raison de la seconde partie.

Celle-ci n'est, suivant l'expression vulgaire, que « du Mahaut tout pur ».

Tout a été soumis au Comité, ainsi qu'à M. MAHAUT, qui ont apporté les modifications qu'ils ont estimées nécessaires.

Daigne l'Apôtre des Canaux agréer ce travail en témoignage de ma sympathie et de mon admiration.

G. MONTAGNON,
Fayencier à la Porte du Croux.

PLAQUETTE EN BRONZE OFFERTE A AUGUSTE MAHAUT

(Photo Deule)

Auguste MAHAUT
le grand Marinier de Loire

CHAPITRE Ier

LES MARINIERS DE LOIRE

Les Mariniers à terre. — Physionomie et Mœurs

A leur face joviale, à leur vaste carrure, à la marche pesante et bien d'aplomb, comme à l'air d'importance, vous reconnaîtrez ces Messieurs de la Marine de Loire. C'est du moins sous un tel aspect qu'ils se présentent au siècle dernier.

> Si, vilains sur terre,
> Seigneurs sur l'eau nous sommes,

ont-ils coutume de dire. Seigneurs vraiment dans leur tenue du dimanche : veste courte à double rangée de boutons, chapeau à haute forme, souliers à boucle. Marque distinctive : aux oreilles des anneaux d'or encadrent l'ancre symbolique.

Par mariniers, on entend à cette époque les maîtres mariniers, leurs commis facteurs, les toutiers parfois en même temps commis, les compagnons de marine et les compagnons de rivière. Ces derniers, les galvaudeux, gens de ports et de cabarets, embarquent en cas de presse.

L'appellation de mariniers fut autrefois plus large.

Il faut à ces hommes des muscles, de la poitrine, de la tête surtout. Il leur faut : coup d'œil, décision, énergie, sang-froid, patience, opiniâtreté.

Selon que la région de leur travail est d'une navigation plus difficile, leur caractère l'est aussi. La description de leurs mœurs s'applique aux bateliers nivernais, à ceux du moins qui font le plus de bruit. Modestes sont les sages.

Le métier reste trop longuement doux quand on ne navigue pas. A la manœuvre, il devient très rude.

Un gamin de marinier, auquel, écrit Mahaut, on demandait quel métier il voulait faire, répondit : « Je veux être marinier ».

« Pourquoi ?

» Parce que :

» Quand il y a trop d'eau, on ne travaille pas ;
» Quand il n'y a pas assez d'eau, on ne travaille pas ;
» Quand il fait du vent, on ne travaille pas ;
» Quand il fait du brouillard, on ne trávaille pas ».

Il ne savait pas ce qui l'attendait quand il naviguerait.

A vrai dire, un personnage de la marine ne saurait se commettre dans toutes les besognes. Du reste, nos gens professent un mépris souverain pour ce qui est terrien. Ils ne se mêlent aux autres mortels que pour leurs affaires, et n'apprécient que les produits du sol, le vin notamment ; car bien qu'absorbés par l'eau, point ils n'aiment l'absorber. Ils sont joueurs, gouailleurs, querelleurs. Ils ont plaisir à se provoquer entre eux, surtout à inviter pour la bataille les compagnons des autres métiers. Les annales policières nivernaises leur reprochent de triquer et de tricher.

Hors de leur élément, que voulez-vous qu'ils fassent ? Les anciens cabarets de marine, les bouchons des ports vous répondront. Ils gardent le souvenir d'épaisses tabagies, de coups de... langues éclatants, de conversations salées, poivrées même, au cours des bordées interminables. C'est ici que l'on échange les prévisions sur la prochaine eau, sur les gains à réaliser, que l'on conte les histoires d'invraisemblables, souvent trop véritables aventures, aventures professionnelles et extra-professionnelles. Si on demandait ce qu'en pense la bourgeoisie, ses beaux yeux se mouilleraient de larmes.

Francis Guyonnet va nous offrir plus loin la saveur de quelques bonnes farces de marine.

A terre, que faire encore ? On s'occupe bien de l'embarquement des marchandises, de leur emmagasinage, car il faut vivre ; on préfère toutefois la pêche qui donne l'illusion de naviguer. La femme vend le poisson et il y a maigre chère au logis. On se reprendra en voyage, tant pour le travail que pour garnir l'estomac. Cet estomac est si creux, si profond est le gosier, les absences sont tellement longues, qu'on devient un tantinet égoïste.

Les gains et les vivres présentent une bonne marge pendant la navigation, d'autant qu'il faut gagner pour longtemps et réparer le manque à manger, si je puis m'exprimer ainsi.

J'ai dit que, pour être marins d'eau douce, nos hommes avaient la langue salée. Leurs apostrophes sont parfois un peu grasses aussi.

J'en appelle au témoignage de Gresset qui, étant professeur à Nevers ou à Moulins, peu nous chaut, composa l'agréable bluette de *Vert-Vert*. Vert-Vert est ce gentil perroquet qu'expédièrent par la Loire les Visitandines de Nevers à leur couvent de Nantes :

> Civilisé, musqué, pincé, rangé,
> Heureux, enfin, s'il n'eût pas voyagé.

Entre les dragons et les mariniers, il ne prit ni bonnes manières ni leçons de beau langage. Car,

> De leur côté, les mariniers juraient,
> Rimaient en Dieu, blasphémaient et sacraient ;
> Leurs voix stylées aux tons mâles et fermes,
> Articulaient sans rien perdre leurs termes....
> Trop bien sut-il graver en sa mémoire
> Tout l'alphabet des mariniers de Loire.

Cela lui vaut son renvoi dans le couvent nivernais, dont le tribunal le condamne à la réclusion. Ses geôlières l'ont trouvé mort d'une indigestion causée par les gâteries de quelque sœur trop pitoyable à sa condition malheureuse.

Les mariniers ont un langage qui, d'après Gueneau, « reflète bien leur vie et leur caractère. Dans leur dialecte pittoresque et hyperbolique, les souvenirs professionnels dominent comme chez tous les marins. Ils ne s'en vont pas, mais « lèvent l'ancre » ; quand ils perdent leur temps, ils disent « qu'ils plantent des balises », et quand ils vont à droite ou à gauche, ils parlent « de virer la piautre », c'est-à-dire le gouvernail... Tout ce qui les concerne porte des noms spéciaux. La Loire, c'est le paradis ; les routes et les chemins, l'enfer. Ils distribuent des sobriquets à tous ceux qu'ils connaissent, et portent eux-mêmes des noms de guerre ».

Les chansons professionnelles, géographiques ou galantes, dont je cite quelques extraits, charment leurs loisirs :

> Chantons la Loire et sa marine !
> Sur terre il n'est rien de pareil,
> En route au lever du soleil ;
> Chantons la Loire et sa marine !
> De Nantes, Ancenis à Oudon,
> On voit nos belles flottes,
> Surtout quand le vent nous est bon,
>   Cela nous ravigote.
> La toue a la berne en avant,
> Les balises nous dirigeant.
> De Saint-Florent aux Ponts-de-Cé,
>   Une grande distance ;
> Saumur, Chapelle blanche, et Chouzé,
> Le plus beau pays de France ;
> Aussi la ville de Tours,
> Aussi Ambroise et ses alentours.

Avec tous les défauts et les qualités de leur tempérament et de leur profession, nos gens possédaient solidement ancrée la foi religieuse. Saint Nicolas était leur patron. Dans les dangers surtout, on lui promettait cierges et messes. Plusieurs chapelles furent élevées en son honneur. Nevers en possède une, et conserve dans sa niche de la rue du Rivage, au nom typique, la Vierge des Mariniers.

Les mariniers étaient, du reste, organisés en confréries ayant syndic et maître en charge, comme nous le dira Francis Guyonnet.

De l'échange incessant d'une extrémité à l'autre du fleuve, échange d'hommes et de choses, résulta la dispersion des familles qui formèrent souche tout le long des rives. Ainsi, nombreux furent les Bretons qui refluèrent sur le Centre (tel Mahaut), tandis que Berrichons et Nivernais se fixaient en Touraine, Anjou et Bretagne.

A l'appel des mariniers du déclin, c'est-à-dire du milieu du siècle dernier, répondent dans la Nièvre et aux environs : les Mahaut, les Nicard, les Cornu, les Mérigot, les Bélile, les Tissier, Brière, Giraud, Giraud dit Mayence, Evrat, Hamon, Boursin, Praud, etc...

De cette lignée plusieurs fois séculaire, Auguste Mahaut, aussi bien marinier que maître de marine, reste peut-être le seul survivant ; il n'a, d'ailleurs, conservé que les qualités de ses ancêtres. Son œuvre en témoignera.

A la mémoire de ces fiers compagnons, braves sur eau, joyeux sur terre, donnons un regret.

HISTOIRES DE MARINIERS

Par Francis GUYONNET

Illustrées de Bois inédits
d'André DESLIGNÈRES

LA CARPE GRASSE

LA prise de la Bastille, en annonçant à la France une ère nouvelle, amena de profondes modifications aux us et coutumes des populations marinières.

Le rétablissement de l'Inscription maritime en janvier 1791, qui demandait à la commune de Nevers un contingent de 125 novices, fut le signal, de Decize à Cosne, de réunions tumultueuses où nos gens de rivière réclamèrent l'égalité aux cris de : *Vivre libre ou mourir !*

Refusant de nommer des syndics chargés d'établir la liste des classes, les jeunes mariniers, pour la plupart, restèrent obstinément, près de trois ans, sourds aux appels menaçants des représentants du peuple. Fouché lui-même n'arriva pas à les convaincre.

Très mécontents du nouvel état de choses, ils ne fréquentent ni les clubs, ni les *sociétés populaires,* aussi sont-ils regardés comme suspects, et leurs blancs pavillons, voire même leurs blanches voiles, sont dénoncés comme des signes très inconstitutionnels. La réquisition de leurs bateaux, de leur personne, est pour eux une grave offense faite à leur dignité d'hommes libres. Les frères Pernet allèguent un manque de cordages pour ne pas aller chercher un chargement au Poids-de-Fer.

Les nouvelles taxes qui frappent les voituriers par eau les exaspèrent. Ménard, à cette occasion, apostrophe un peu trop brusquement un représentant du peuple et, pour ce fait, se voit condamner à une amende de trois francs.

Caffard, Potdevin, Rousseau dit *Jean de la Jeanne.* comme leurs anciens n'ayant jamais su modérer leur rude langage, ayant à se plaindre du préjudice que leur causait la concurrence des Mayençais internés à Nevers, les menacent tout bonnement de les f... *à l'iau !* Aussi le Conseil de la commune s'empresse d'annoncer qu'à l'avenir ceux qui les insulteraient seraient punis extraordinairement.

Les arbres de la Liberté n'offraient point à leurs yeux le même symbole qu'aux autres citoyens ; on soupçonne nos mariniers d'avoir été cause, par d'intempestifs arrosages, du rapide dépérissement de l'arbre planté près du Pont de Loire, et que la commune fut forcée de faire arracher.

Mais s'ils manquent d'enthousiasme pour les idées nouvelles, les mariniers, fidèles à la foi de leurs pères, se montrent toujours généreux et humains. Lors du transport des 63 prêtres nivernais, vieux et infirmes, pour les pestilentes galiotes de Nantes et de Brest, à l'encontre des canonniers commis à leur garde, ils surent se montrer, au cours de ce triste voyage, pleins d'une fraternelle pitié.

Les années de troubles incessants et de terreur passées, le Directoire trouva nos gens de Loire moins rétifs et animés du plus pur patriotisme. Aussi les municipalités de Roanne et de Nevers se promettent fraternité et aide pour la protection de leurs mariniers.

Le 16 frimaire an VII de la République, pour le départ des conscrits, nous voyons l'administration municipale leur décerner publiquement des éloges à propos du zèle et du désintéressement qu'ils montrèrent à l'occasion de cette fête.

Le citoyen Gallois, qui consigna pour la postérité les fastes de cette mémorable cérémonie, nous dit que l'un des frères Pernet, chef de la flottille qui conduisit les conscrits au camp Eloy (Saint-Eloy), « n'a voulu recevoir aucune rétribution, disant qu'il était satisfait d'avoir pu se rendre utile dans une telle circonstance et qu'il était fâché que son âge ne lui permît pas d'accompagner ses frères jusqu'aux armées ». Pernet le Jeune, Jean et Jacques Bélile, Jacques Rouen, également, se partagèrent les éloges et remerciements de la commune reconnaissante.

Après la tourmente révolutionnaire, après les longues guerres napoléoniennes, la Restauration permit enfin à la France de se mettre au travail. Alors on vit renaître en nos provinces les vieilles et touchantes coutumes corporatives si longtemps délaissées.

Dès les premières années du règne de Louis-Philippe, quand la terrible attaque du choléra, qui fit tant de victimes, fut passée, les dames de la Poissonnerie résolurent de reprendre leur traditionnelle promenade de la *Carpe grasse*.

Et, au lendemain du jeudi gras, Nevers vit avec plaisir le joyeux cortège se dérouler, à nouveau, par ses rues et carrefours. Vêtues de leurs plus beaux atours, parées comme des châsses, avec les bijoux d'or prêtés par les dames nobles de la ville, les marchandes de poissons défilaient en corps. Elles portaient dans un baquet orné de verdure, de rubans, et de multicolores fleurs de papier, la plus belle de leurs carpes, qu'elles présentaient orgueilleusement à l'admiration des citadins.

Très aimablement, les marchandes de poissons étaient

reçues par les autorités administratives, par les notables et les cossus bourgeois. Aux félicitations et compliments d'usage venaient s'ajouter, oh ! sans façon, de copieuses libations permettant à tous, en choquant les verres, de s'adresser de mutuelles congratulations. La longue promenade se terminait par une visite à l'hôtel de la Préfecture où les marchandes offraient gracieusement la *Carpe grasse* à Madame la Préfète, qui ne manquait point de répondre à une aussi délicate attention par une généreuse offrande.

Après de longues révérences, ces dames, enchantées de leur journée, se retiraient pour se trouver à table joyeusement réunies. Et les gais propos allaient grand train jusqu'aux premiers accords des vielles annonçant l'ouverture tant désirée du bal où les marchandes de poissons et leurs compères, jusqu'à l'aube, s'en donnaient à cœur joie.

BÊTES ET MARINIERS

APRÈS la promenade traditionnelle de la *Carpe grasse*, si joyeusement effectuée par ces dames de la Poissonnerie, les mariniers de Nevers ne voulurent pas être de reste.

Le joli mois de mai approchant, ils songèrent de leur côté à la renaissance de leur antique confrérie, qui, depuis les temps les plus anciens, les réunissait en une fête chômée et carillonnée, au jour anniversaire de la Translation des reliques de leur patron vénéré, saint Nicolas.

Le procès-verbal de leur réunion, le 9 mai 1833, dans un style des plus peuple, nous a conservé les noms, prénoms et quelquefois les sobriquets de ces bons compagnons, ainsi que l'obole versée par chacun d'eux, pour l'achat *chée madame Bonpoie* (Bompois) d'étoffe blanche et rouge pour les enseignes, blanche et bleue pour les drapeaux.

Parnet (Pernet), verse *disous* ; *Marcaix* (Marquet) *catresous* ; *Claude Roins* (Rouen), plus généreux, s'est inscrit pour *vinsous*, et son frère, *Pierre Roins* (Pierre Rouen), renchérissant, allonge *trantesous*. Nicolas Poulard, plus pingre, y va de ses *cisous* ; plus pingre encore Saint-Eloi des Bains ne donne que *troisous*.

Les soixante-dix pages de ce modeste cahier sont emplies des noms des membres de la Confrérie, en regard desquels figure leur annuelle cotisation.

La recette de chaque année est faite par le maître en charge, qui reste gardien du cahier, du bâton, des quatre torches et autres accessoires, et veille à leur conservation, pour les remettre à la prochaine fête, en bon état, à son successeur.

Nicolas Ménard, maître marinier, assure la recette pour 1835, année de la fameuse comète, qui donna de si bons vins. Cent cinquante-six mariniers y figurent comme ayant versé chacun dix-huit sous, à l'exception d'un mécène inscrit pour une pièce de cent sous. Madame Ménard, son épouse, remet à Monsieur le Curé de la Cathédrale Saint-Cyr trente-deux francs cinquante, tant pour le jour de Saint-Nicolas que pour le service du lendemain à l'intention des défunts.

Pour les brioches de la Confrérie, il est payé au sieur Morizot une somme de quatre-vingt-quinze francs.

Feuilletant ce cahier, aujourd'hui bien fatigué, nous voyons, après chaque commémoraison, le maître en charge passer aux mains du nouveau compère le bâton et tous les accessoires ; ce dernier en donne décharge, et, fidèlement, aligne la recette.

Mais, d'année en année, le nombre des membres va diminuant, pour se terminer avec le dernier feuillet, année 1869, au chiffre de 47 cotisants ayant versé chacun un franc.

⁂

A cette époque, parmi les derniers *chidanliaux* qui préférèrent demander à la pêche leur pain quotidien, plutôt que de s'en aller naviguer sur les canaux où les mariniers sont toujours à trente pas de leurs *batiaux*, Mathé le jeune, surnommé *Gigois*, à cause de sa claudicante démarche, était réputé chez les bons drilles.

Il habitait, cela va sans dire, la rue des Pâtis, près du moulin Saint-Nicolas. Il avait pour voisine la vieille mère Maronnet, une mauvaise langue qui, paraît-il, ne savait résister au doux plaisir de clabauder sur son prochain. Gigois, qui avait eu bien souvent à se plaindre de cette maudite *vipare*, se promit un jour de faire rire tout le quartier aux dépens de l'horrible bavarde en lui jouant un tour de sa façon.

Avec une tête de brochet, ayant un jour attiré le chat de sa voisine, il le ferra de quatre coquilles de noix. Coquilles de noix qu'il avait, à l'aide de poissant goudron, collées aux pattes du minet...

Tremblante, la tête enfouie dans ses couvertures, claquant des dents, invoquant tous les saints et saintes du paradis, la vieille harpie, morte de peur, entendit toute la nuit, au-dessus d'elle, le diable en personne danser d'infernales sarabandes !!!

La leçon arrêta-t-elle le médisant grelot de cette cancanière ? L'Histoire n'ose l'affirmer, pas plus qu'elle ne nous assure si la farce suivante doit être mise sur le dos de Rousseau, dit *Millegueules*, ou sur celui de Ménard dit *Cul-de-Canard*. Mais le fait est sûr, on peut m'en croire :

Au moment des basses eaux, nos mariniers en profitaient pour besogner ferme à la réparation de leurs flottantes maisons. Des marmites, où le goudron chauffait, montait une saine odeur térébenthinée. Le port de Médine ressemblait à une ruche d'où les bons mots et les rires inlassablement bourdonnaient.

Passant près de là, un paysan de Saxi-Bourdon s'était arrêté ; du siège de son tape-cul, curieusement regardait *Millegueules*, à moins que ce ne fût *Cul-de-Canard*, qui, armé de son guipon, consciencieusement, *godronnait* la coque de son gabarot, le « Saint-Jean ».

Intrigué, l'homme des champs demanda à notre ouvrier

de Loire la raison d'un semblable travail. A quoi notre rusé marinier, sans rire, sans interrompre son goudronnage, répondit : « Pardi ! c'est pour qu'il marche plus vite ! ».

— Eh bin ! ricana le paysan, moune âne en aurait rudement besoin !

— Qu'à cela ne tienne, l'ami, on va y en fourrer une pinceautée !

Plein de confiance dans le remède, notre campagnard descendit de sa voiture, tandis que ce farceur de marinier trempait son grand pinceau au fond de sa bouillante marmite, tout en recommandant au naïf Amoignon d'*aretrousser* la queue de son âne !

Le brûlant goudron fut à peine appliqué au... derrière du pauvre baudet, qu'en vitesse, il s'empressa de détaler, sans en demander davantage.

Et, pendant que la pauvre bête disparaissait, emplissant l'air de douloureux « hi ! han ! », son malheureux maître, au milieu des rires et des quolibets de tout le port, clamait au ciel son désespoir :

— Et pis, comment j'vas faire pour rattraper mon bourri ?

— Fi de millier, breuille pas comme ça ! vite, mets bas ton pantalon, et je te promets que tu rattraperas bin ton bon ieu de ministre !!!

CHAPITRE II

LES MARINIERS SUR L'EAU

Les conditions de la navigation en Loire

Seigneurs sur l'eau nous sommes !

disent les mariniers. C'est dans leur élément que nous les verrons évoluer à leur aise, après les avoir représentés... un peu « vilains sur terre ». Examinons donc les conditions de la navigation en Loire.

Les modes de navigation varient suivant que le fleuve sert au transport des voyageurs ou des marchandises, selon que les bateaux descendent ou remontent ; je dois ajouter qu'ils ne sont pas les mêmes dans les pays hauts, de Saint-Rambert, ou mieux de Roanne à Nevers, que dans les pays bas, de Nevers à Nantes.

Transport des Voyageurs

Le transport des voyageurs a toujours existé. Il se fait au fil de l'eau ou par le halage. Nous voyons dans les premiers temps des sentines ou des toues, appareils légers à fond plat, utilisés aussi comme bacs, employés au déplacement des procureurs de la Communauté des Marchands fréquentant la Loire, de seigneurs comme le duc d'Orléans, plus tard Louis XII, du roi François Iᵉʳ et d'autres personnages importants. Des services de coches d'eau sont inaugurés sous le règne d'Henri IV, qui, à l'instigation de Sully, se préoccupe de l'organisation des transports en général, et particulièrement de la marine intérieure. Des relais de chevaux de courbe furent mis à la disposition des voitures par eau pour les tirer. La cavalerie marinière était déclarée avouée du Roi, et marquée à son chiffre. Cet organisme public disparut, et fut remplacé par des services privés.

Plus tard, la mode s'en mêla ; le XVII° siècle vit l'abandon des carrosses en faveur des coches d'eau. Mme de Sévigné nous en instruit : « A peine nous sommes descendus ici que voilà vingt bateliers autour de nous, chacun faisant valoir la qualité des personnes qu'ils a menées et la bonté de son bateau... Notre équipage nous amènerait fort bien par terre ; c'est pour nous divertir que nous allons sur l'eau ». Du château des Rochers, la marquise écrit : « Je suis venue ici par la rivière de Loire ; cette route est délicieuse ». Lisez la contre-partie : « Ah ! quelle folie, car les eaux sont si basses et je suis si engravée que je regrette mon équipage qui ne s'arrête point et va son train ».

En 1737, l'engouement n'a pas diminué. Au contraire, un grand service de coches d'eau fut alors rétabli ; 1770 vit l'organisation d'un autre. Le trajet de Nantes à Orléans était payé un louis et prenait quatre jours et demi. Depuis, différentes entreprises privées effectuèrent le transport des personnes. Je cite les exploitations des bateaux à vapeur à aubes dont l'existence fut éphémère.

Transport des marchandises

Le transport des marchandises se fait, comme celui des voyageurs, à la descente au fil de l'eau, à la remonte au halage ou avec la voile, et dans les deux sens au moyen de la traction mécanique, sujet renvoyé au chapitre traitant l'histoire de la navigation ligérienne.

Examinons les conditions du transport au fil de l'eau et, pour cela, embarquons sur une équipe en descente ; les évolutions de nos mariniers y gagneront saveur et intérêt.

Un voyage en Loire au fil de l'eau

La saison devient plus clémente. A la pointe du jour, la crue de printemps sourit aux mariniers et les invite à parer en toute hâte, puis à partir, comme ils l'ont promis, à première eau.

Tout prêts au reste, les chalands attendent depuis plusieurs mois l'occasion favorable. Marchandises et provisions sont en place ; les marchandises abritées sous des toiles au besoin, les victuailles pendues à des crochets extérieurs derrière la carrée (cabine du bord), où elles se dessèchent. Nos gens ne sauraient les oublier, tant l'eau creuse. Songez que, depuis le tue-ver, premier repas composé de la soupe fumante appuyée d'une bonne rasade de marc, de celui qui « gratte », versé dans les moques joyeuses de couleurs, on fait à huit heures le casse-croûte, les repas à midi et à quatre heures du soir. Aussi embarque-t-on viande de bœuf, de porc à faire en grillades, lard salé, qui, ensemble et avec ces matelotes flambées, triomphe des cuisiniers du bord, alterneront successivement. Comme boisson, de la boitte, mélange d'eau et de vin corsé ; pour réchauffer, du marc ; pour remettre « les sangs en place », à la suite de chutes ou de coups, de l'arquebuse (Roanne s'honore de la meilleure). Par le froid piquant et la brume épaisse, rien ne vaut la rôtie, trempée de vin et de pain grillé.

En ce moment, les compagnons de marine, généralement deux par chaland, rangent à l'avant les deux ancres, les bâtons et piquets ferrés. On les voit, heureux de se dégourdir, s'empresser d'un bord à l'autre. Très à l'aise sont-ils, vêtus d'une courte blouse serrée dans le pantalon et laissant libres les entournures, coiffés du feutre breton à longs poils, qui est imperméable.

Enfin apparaissent le maître et le toutier facteur son commis. Dernières instructions, souvent assez précises sur les conditions du parcours, et sur les escales où tiendront planche les équipes.

Une poignée de main au patron, et le toutier saute dans son bachot, délie l'amarre, prend le large, contourne les chalands, s'inquiète si rien ne manque, et part.

A lui la direction technique et l'administrative. Il est chargé de vérifier la route. Il doit reconnaître dans les rios les hauts-fonds ou mouilles, et les assecs ou basfonds. Il jette à haute voix les indications de marche qui sont répétées de couplage à couplage. Parfois, deux toutiers ou plus sont nécessaires quand le balisage est mal entretenu, ou que sont plus dangereuses les passes. Leur rôle est alors, pour celui de tête, d'assurer le complément du balisage, pour les autres de servir d'agents de liaison.

Administrativement responsable vis-à-vis du maître marinier quand celui-ci n'embarque pas, le toutier, qui cumule les fonctions de commis, reçoit l'argent pour le voyage et rend les comptes à l'arrivée. Sur le calepin, il inscrit le détail des opérations. Il se contente parfois d'une feuille de papier, et il emploie des signes figuratifs dans le cas où il ne sait pas écrire. C'est le fait de Pinaut, dit François Béloche, qu'Auguste Mahaut nous conte de façon pittoresque dans sa brochure *L'Idée de la Loire navigable*. Je ne puis résister au plaisir de reproduire à la fin du chapitre cette page curieuse.

Mais notre toutier, véritable pilote que j'appellerai volontiers le capitaine de route en l'absence du maître ou d'un facteur spécial, a pris de l'avance. Le voilà à quelques cents mètres.

Vite, les mariniers lèvent l'ancre. Un dernier adieu remplit les échos du port ; le couplage de tête se laisse glisser au fil de l'eau, suivi par les autres à faible distance.

Les bateaux sont mariés deux par deux et de front, au moyen de câbles solides attachés aux guindas, sortes de cabestans. Dans chaque couplage, l'un des chalands, le boutavant, dépasse de cinq à six mètres ou plus, selon la largeur du chenal navigable et du vent, son compagnon de couplage, la gibecière ou bateau de coue, porteur de la piautre (le gouvernail). Parfois les couplages sont reliés les uns aux autres par des cordages.

Les derniers trains de bateaux qui descendaient d'Allier en Loire, il y a quarante ans, et apportaient à Nevers pommes, charbon et planches, étaient formés de trois unités seulement : le chaland, bateau de tête portant la carrée, le tireau, et le soubre.

La crue a décidé le départ, mais elle passe aussi vite qu'elle est venue. Et si elle ne dure pas assez longtemps pour parcourir le trajet en entier, il est nécessaire de faire fosse, c'est-à-dire d'attendre là où l'on se trouve, jusqu'à l'afflot d'une nouvelle crue. Certains voyages réclament plusieurs semaines, voire une année. Un marinier eut ainsi le temps en un seul trajet d'avoir deux enfants à onze mois de distance. Lorsque nos gens ne peuvent escompter une prochaine montée de l'eau, ils partent dans leur pays, et reviennent au plus vite dès le nouvel afflot ; à moins que le toutier n'embauche sur place pour ne pas perdre l'occasion tant désirée.

Cependant, l'eau est en décroissance, mais le capitaine de route prétend qu'il existe des rios assez profonds pour continuer le voyage. Il les visite et en repère un dont la hauteur d'eau paraît suffisante. Elle l'est à peine. « Alors, écrit Mahaut, comme le fond de la Loire n'est pas uni comme le fond du bateau, on commence à frotter le sable... alors on s'arrange pour ne pas *légir* ». Légir, c'est alléger, soit en déchargeant une partie de la cargaison, soit par la répartition du chargement dans plusieurs chalands. Nos mariniers exécutent en ce moment la manœuvre utile. Voyez plutôt :

Du couplage un seul bateau est engravé, le second flotte. Démariés à l'arrière, ils sont écartés en entonnoir ; l'eau se précipite et entraîne le sable ; l'étiage devient suffisant et le bateau engravé se rapproche de l'autre. On les remarie et ils repartent ensemble. Tout cela doit être fait avec rapidité. En cas d'insuccès, nos gens auraient dû creuser un chenal artificiel à l'aide d'un cheval de bois, sorte de charrue composée de planches reliées par des traverses que termine une longue barre dépassant l'arrière en manière de queue. Les hommes se mettent à l'eau et entraînent l'appareil, qui, en le tirant par la tête attachée à des cordages, qui, en le poussant par la queue.

Satisfait d'une crue abondante, sinon normale, qui porte bien, le marinier redoute les débordements excessifs. Terrible se manifeste la Loire dans sa colère. Elle brise bateaux, chemins de halage et digues. Elle entraîne les marchandises entassées sur les quais et les ports.

Les débâcles de glace sont encore plus redoutables.

Je reprends le fil de l'eau avec notre équipe flottante. Elle semble très affairée, inquiète même, en longeant un perré.

Les compagnons se hâtent de jeter par-dessus bord les bâtons ferrés, bâtons de lican. Ils les piquent dans le sable, et s'emploient à redresser le premier couplage qui dévie de la voie tracée. En vain tirent-ils pour enrouler autour des bittes d'amarre les cordes fixées au sommet des pieux, et ramener le couplage dans la bonne direction.

Empressement, tapage, jurons n'y peuvent rien.

Au mouillage alors. Les bateaux arrêtés, on va tenter une manœuvre hardie autant que délicate. Il s'agit d'obtenir le biaisement du chaland, pendant qu'il suivra le pivotement d'un piquet décrivant un arc de cercle vertical. Afin que le piquet ou *rocton* ne puisse glisser par suite du mouvement, quelques parties des bordages du bateau à l'avant et à l'arrière sont disposées par-dessous en épines crochues séparées par des crans profonds, d'où leur nom de *ronçoirs* ou *arronçoirs*.

Mais le plus sérieux obstacle n'est pas franchi. Le pont de La Charité devra sous peu être *endramé*, passé.

A peine la flotte est-elle en vue que les abords sont envahis par la population charitoise avide du spectacle et anxieuse du danger. De son côté, le capitaine de route a précédé les compagnons, afin de s'entendre avec le toutier billeur local ; car il faut *biller*, soit manœuvrer d'angle au courant qui vient du Berry et se précipite en plein travers.

Arrêtés sur l'ancre, les chalands sont tournés de poupe à proue. La tactique consiste à les laisser couler successivement par l'arrière sous l'arche du pont. Le premier couple va s'engager ; le billeur le suit dans son bachot ; il a embarqué l'ancre, prêt à la descendre ou à la relever prestement au moyen du cordage appelé « sonnette » qui la retient, selon que le couplage menacera de heurter la pile, ou passera sans encombre. L'obstacle évité, les bateaux se rassembleront dans l'abri fixé pour leur regroupement.

La manœuvre terminée, mariniers et Charitois fraternisent. Le succès est payé d'une bordée faite d'un cœur léger. Cependant, il faut repartir et poursuivre la route, non sans avoir goûté le Pouilly et son humeur capiteuse. Pour aborder, ou bien on tirera sur l'ancre, le terme indique clairement la méthode ; ou bien on coupera le courant par des portées d'ancres ou des virages successifs.

On rencontre à Gien un nouveau pont dangereux. Nos mariniers, jamais à court d'ingéniosité, vont recourir à un autre système que celui employé à La Charité. Les bateaux seront tournés ; au lieu de les biller, les compagnons descendent l'ancre, « un ancre », disent-ils, et se laissent aller en la traînant. La marche sera freinée, ralentie ; de cette façon, il deviendra aisé d'éviter les piles menaçantes. Au reste, l'équipage conserve en mains le hachon pour couper au besoin les amarres, et sauver un bateau, si la perte de son compagnon de couplage ne peut être évitée.

Gien traversé, la navigation deviendra-t-elle plus facile ? Hélas non ! Le vent s'élève en tempête, qui, dans la plaine raucheuse de Sully et sous son fier château, prend les embarcations de front ou de flanc. Et alors c'est la marche lente si le vent souffle d'avant ; et au cas où il prend de côté, si l'eau est trop profonde, si les pieux ne peuvent être solidement implantés, l'entraînement des bateaux les uns contre les autres devient fatal. D'ailleurs, partout où règne l'ouragan, il est cause du heurt des chalands entre eux, quand il ne les jette pas contre les digues, pilotis ou ponts.

Orléans, Saumur, Tours passent avec les vins d'Anjou et de Touraine et leur dégustation forcée. De plus en plus, il est urgent de se hâter. Le niveau descend, et les plaines de l'Anjou engravent facilement en eaux basses, tant les rios sont nombreux à contourner les îlots. Après de longues semaines et de multiples stationnements, le voyage va se terminer. On a pu tendre une voile carrée et profiter du vent. Nantes apparaît, on y dépose la cargaison. C'est la grande bordée, le « coup de gare » définitif aussi, et aux frais du maître marinier.

Tout a une fin, même le petit vin blanc des lacs, capiteux à rendre le Pouilly jaloux ! Le toutier règle son personnel. Par les diligences retournent les compagnons, dont les uns gagnent directement le logis, les autres galvaudent sur les rives et rentrent la bourse vide, pour avoir eu trop souvent le gosier plein. Au toutier facteur appartient le soin de liquider les bateaux, tout au moins les sapines des pays hauts, qui sont vendues pour être démolies, tandis que leurs planches serviront à la construction. Les pêcheurs nantais achètent les bachots pour leur usage.

Halage

Quelques mots seulement sur le halage qui est effectué à col d'homme ou au moyen des animaux, par unité de bateau naturellement.

Il se pratique plutôt dans les pays hauts et pour la remonte. Chevaux, ânes, mulets et bœufs n'appartiennent pas d'ordinaire aux voituriers par eau. Sur le parcours, les mariniers louent des cultivateurs les attelages qui se relaient de distance en distance. J'ai connu, parmi les ouvriers de mon père, un vieux charretier ayant pratiqué ainsi le halage dans son enfance. La ferme où il servait se trouvait assez éloignée du fleuve. Les mariniers à la voix puissante hélant à la remorque, conducteurs et animaux accouraient en hâte à cet appel.

Marchandises transportées

Bien oiseux serait-il de mentionner les marchandises de provenances diverses transportées autrefois sur la Loire. Elles sont de toute nature et de tous ordres, nous le verrons plus loin.

Que le lecteur permette cependant à un fayencier de signaler que la céramique nivernaise d'usage, si florissante au XVIIIe siècle et dans la première partie du XIXe, trouvait son écoulement par le fleuve. De même en fut-il pour les poteries et les grès vendus à pleins bateaux. Il m'a été donné de faire, en 1882, la connaissance d'un marinier âgé de quatre-vingt-six ans. Quelle figure joviale ! Quelle santé ! Mon homme, aussi haut en couleurs qu'en paroles, portait anneaux d'or, raffolait des dominos, et aimait raconter qu'il avait conduit de la fayence jusqu'à Brest. De ce port, on embarquait à destination des côtes de Normandie, du Pas-de-Calais et de la Scandinavie. Au reste, la meilleure preuve des relations ouvertes par les mariniers de Loire aux produits de nos manufactures, consiste dans le fait, qu'avant d'être tuée par la récente guerre, la fayence commune stannifère, aux aimables et franches couleurs et très peu coûteuse, comptait sa meilleure et plus attachée clientèle à Orléans, Saumur, Angers et Nantes.

Les scènes de marine ont servi de thèmes aux décors de Nevers. C'étaient des souvenirs de voyage ou de profession. Lisez plutôt l'histoire de l'écuelle de Philibert Poulbot, dit Bras-de-Fer, narrée par F. Guyonnet. Je cite que le Yacht-Club de France a décerné son prix de croisière, en 1925, sous la forme d'un saladier représentant Nevers et sa Loire garnie de bateaux.

Et, pour en conserver le souvenir, il me faut rappeler ces bateaux organisés en boutiques flottantes, qui vendaient sur les ports et les rives les fayences, les émaux de Nevers, les poteries et grès de la Puisaye, les draps d'Auvergne et autres produits.

Mais où sont les beaux jours d'antan ?

PINAUT, dit François BÉLOCHE
Type du marinier facteur

Bizarre comptabilité née de la nécessité

(Extrait de *L'idée de la Loire navigable*, par MAHAUT)

François Béloche était, en 1830, le type des anciens mariniers de l'époque ; il était déjà vieux à cette date. Vu ses connaissances du métier, son honnêteté, ses qualités comme toutier de la Loire, il était l'homme choisi pour aller chercher le chemin dans le fleuve, et l'indiquer par la voix au premier couplage...

Donc, vers 1850, François Béloche travaillait pour mon père, était toutier et commandait une équipe. Il était aussi intelligent que peu instruit ; alors, comme il était à la fois commandant, toutier et caissier, il fallait bien qu'il notât ses recettes et ses dépenses ; mais comment faire pour tenir un compte quand on ne sait ni lire, ni écrire ?

Ne pouvant savoir ce qu'on ne lui avait pas appris, et étant doué d'un certain talent d'imitation, il dessinait à sa manière et d'une façon compréhensible les choses qui avaient fait l'objet de ses dépenses.

Retenons, si vous le voulez bien, le dessin de François Béloche par le commencement ; je vais vous donner des explications...

Vous voyez d'abord le premier dessin qui ressemble à un arbre à deux branches ; vous n'en devineriez pas la signification si je ne vous y aidais pas ! C'est superbe de conception et vous allez en convenir. Cet arbre indique le point de départ de l'équipe ; je lis très facilement que c'est du Bec-d'Allier que François Béloche est parti, à l'endroit où l'Allier se jette dans la Loire, et les deux branches représentent, l'une la Loire, et l'autre l'Allier, pour ne faire ensuite qu'un même lit.

Vous voyez aussi, qu'avant de partir, il a bu une bouteille en mangeant un morceau de pain et de fromage, et que cela lui a coûté 1 fr. 50.

Ensuite, vous reconnaissez le pont de Fourchambault (pont suspendu), vous voyez qu'il ne bille pas, il passe avec un couplage dans la voie de mer qui est la voie navigable ; il a dépensé à Givry 2 francs 6 sous.

Cette masse de petits dessins qui existent entre le pont de Fourchambault et le suivant, qui est celui de La Charité, représente une forte dépense relative ; il a dépensé 49 francs et 4 sous ; il a eu là un coup de terre, il s'est fait aider par des Berrichons, et, après s'être remis en bon chemin à Marseilles-les-Aubigny, il a fait des provisions de toutes sortes. Vous voyez ces points divers, c'est le sel et le poivre ; ce qui ressemble à une espèce d'araignée, c'est la lumière (de la chandelle à l'époque), et nous le voyons enfin biller devant le pont de La Charité...

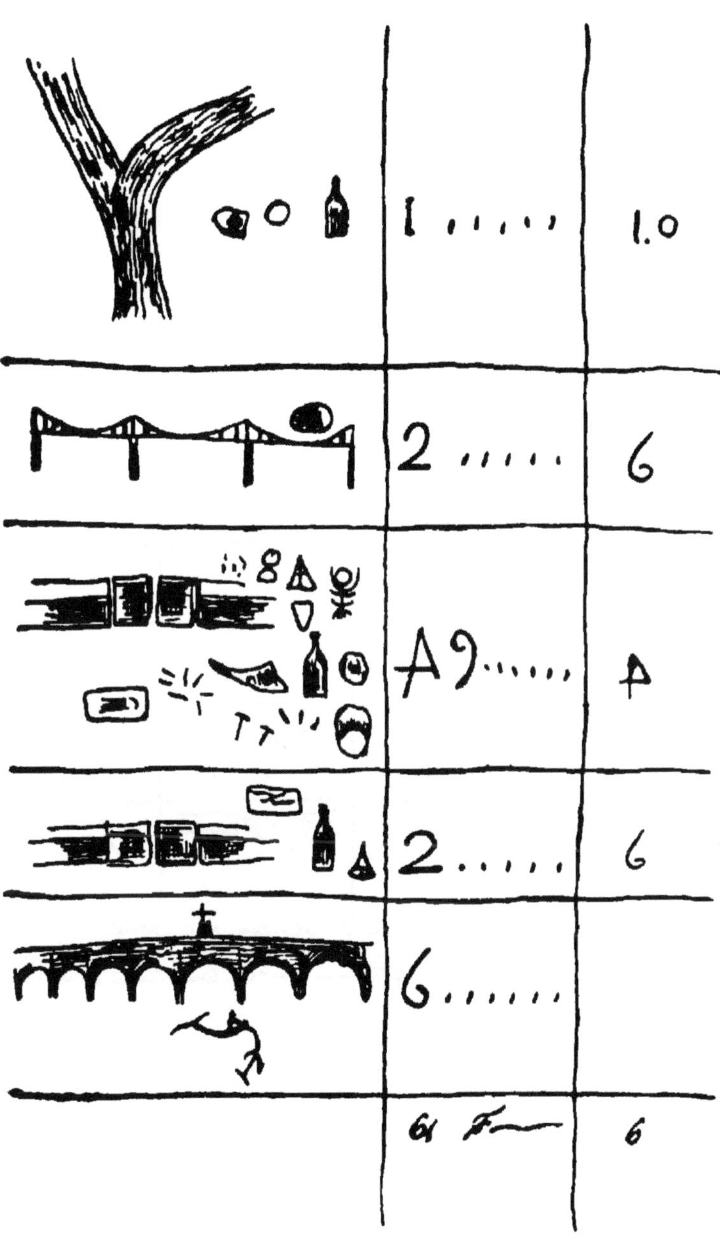

Report —

6₁ . —	6 jour
3	13
9	10.
3	
1 3	
1 3	
28	
13 7 Femmes . 9 —	

Voyage du Bec d'Allier à Meung juillet 1852
2 Bateaux charbon dit Ste Etienne sous la conduite de S[ieu]r
Simon dit Belloche

il a reçu de ma femme cent . — 100 ..
à Orléans chez M[r]. .... cinquante f. 50 .. } 150 . 00
il a dépensé selon ce compte 137.45
f[rère] Belloche me remet douze f 55 cent . 12 . 55
Guétin le 19 juillet 1852

De La Charité à Orléans, il faut croire que tout a bien été et même que les mariniers n'ont pas été à terre, car nous arrivons au premier pont d'Orléans (pont de Vierzon) et je vous prie d'arrêter vos regards sur ces deux ponts ; ne sont-ils pas bien imités, surtout le pont de Vierzon, et y a-t-il un seul vrai marinier qui ne reconnaîtrait pas ce pont au premier coup d'œil ? Il est d'un réussi que j'admire d'un homme qui n'avait jamais touché une plume...

Il a donc passé les deux ponts d'Orléans, comme nous le voyons, dans les voies de *galarne* qui sont la droite de la Loire et le voilà rendu à Meung. Voyez un peu comme il nous indique bien qu'il est rendu : les deux bateaux sont amarrés à quai avec des cordes.

Etant rendu à bon port, vous voyez qu'il expédie ses mariniers ; il leur remet des acomptes suivant leurs besoins.

Le premier s'appelle *Le Roannais* (il reçoit seulement 5 francs) ; le second *Louis Pinaut* (15 fr.) ; le troisième *Boutroux* (15 fr.) ; le quatrième *Villacroix* (28 fr.).

Enfin, *François Béloche* et ses quatre hommes ci-dessus, que tous les mariniers restant ont connus, ont fait un bon voyage et n'ont pas fait de dépenses inutiles, puisque le total des dépenses, y compris 63 francs d'acomptes remis aux mariniers, ne s'élève qu'à 137 francs.

CHAPITRE III

HISTOIRE DE LA NAVIGATION LIGÉRIENNE

L'histoire de la navigation ligérienne constitue la plus illustre manifestation de l'activité de nos mariniers. Elle nous intéresse à ce titre.

Depuis toujours, les rivières ont été utilisées comme chemins, et leurs eaux comme moyens naturels et économiques de transport ; aussi bien les mariniers furent essentiels à l'approvisionnement et à la vie des peuples. Sous l'appellation de « nautes », nous les trouvons fortement organisés dans les Gaules pendant l'occupation romaine. Ils ne comprenaient pas uniquement le personnel navigant, mais les marchands, les entrepreneurs de batellerie, les propriétaires de bateaux.

Pour nébuleux que soient nos renseignements sur la marine de Loire durant les premiers siècles de la formation de notre pays, il est aisé de la prévoir très florissante. Déjà les Capitulaires de Charlemagne visent la facilité des transports sur le fleuve.

La Loire, seul grand chemin d'eau central dans la direction est-ouest, devait, par l'étendue de son cours, par ses nombreux affluents, par la situation privilégiée des villes riveraines, jouer un rôle important. Ainsi Roanne transitait les denrées et marchandises de Provence, d'Italie, du Levant, et spécialement du Lyonnais ; Orléans desservait Paris, Nantes et au-delà ; Saumur entreposait les produits du Poitou et des contrées voisines ; Angers ceux du Maine, d'une partie de la Bretagne et de l'Anjou. A Decize, Nevers, La Charité, croisées de grandes routes, par suite de leur position et de leurs ponts, se tenaient des marchés très fréquentés ; à Gien, Jargeau, Orléans, des foires renommées. Tours, Blois, Saumur cristallisaient un trafic considérable.

Nantes fut le port des sels, des métaux anglais, des poissons de mer, des arrivages d'Espagne.

Au flux et au reflux de la prospérité nationale, la marine ligérienne mesura l'étiage de son activité. Nous enregistrons l'impulsion particulière que lui donnèrent en premier lieu les Croisades, impulsion que prolongea l'établissement des républiques italiennes et des grandes hanses du Nord européen. Les péages de droit romain avaient peu à peu échappé à l'Etat qui laissa tomber ses privilèges et abandonna ses devoirs vis-à-vis de la marine intérieure. Quant aux mariniers, ils étaient restés en groupements compacts sous la forme nouvelle de Confréries ou Corporations. Ce n'est toutefois qu'au XIV° siècle que nous est révélée officiellement leur association fédérative devenue peu après la Communauté des Marchands fréquentant la Loire, dont l'influence se maintint jusqu'à la Révolution française. J'exposerai par ailleurs son organisation.

Soutenir, favoriser cette Fédération, alors qu'elle lui permet de restreindre ou de supprimer les privilèges des seigneurs, devint la politique de premier plan du Gouvernement. Absorber ses droits et ses prérogatives au profit de l'unité administrative française, quand il se sentira plus fort et mieux organisé qu'elle, fixera son but réel et définitif.

On place le second sommet de l'activité marinière pendant la guerre de Cent ans. Plus sûres étaient les voies d'eau que celles de terre. Le transport de l'artillerie et des hommes d'armes apporta son contingent au trafic ; tel celui des troupes envoyées dans le but d'assiéger La Charité après la délivrance d'Orléans par Jeanne d'Arc. Quand fut chassé l'Anglais, il devint urgent d'approvisionner en denrées et matériaux les contrées ravagées. Ce fut un beau temps pour la marine.

La Communauté marque ici sa participation à la sécurité publique par des subsides à Charles VII et à Du Guesclin. Elle renforce en même temps son organisation fédérative au moyen de l'établissement des droits de boîte, destinés à couvrir ses dépenses.

C'est encore l'époque des plus vives escarmouches avec les péagers particuliers. Quelles plaintes, mais quelles tracasseries ! Dieu sait toutes les invectives, toutes les colères qu'occasionnaient chez les navigants les péages multipliés et odieux. Par deux fois, les mariniers obtinrent l'abolition des taxes de création relativement récente ; mais nous constaterons plus loin l'inapplication de cette mesure.

Si les seigneurs perdent alors du terrain, le pouvoir central en gagne. Il exige, en effet, que ses représentants soient convoqués lors de l'apuration des comptes de la Communauté. Et voici qu'en l'année 1553, les grands maîtres réformateurs des eaux et forêts reçoivent l'ordre de déléguer les maîtres particuliers pour la police des cours d'eau, à l'effet de relever les obstacles obstruant le cours du fleuve. Telle est la première substitution du personnel technique administratif à celui des Marchands fréquentants.

La navigation ligérienne atteint pour la troisième fois le maximum de son trafic à la fin de ce XVIe siècle, époque à laquelle l'unité administrative commence à se dessiner. Développement de l'industrie dans les pays hauts, de l'agriculture et de la viticulture dans la partie centrale du fleuve, relations commerciales étendues par les arrivages d'Angleterre, d'Espagne, de l'Océan, déterminent un essor important. Et quand Henri IV a pacifié la France, son premier soin est de faire faire l'étude des travaux à exécuter en vue de l'amélioration de la navigabilité et de l'exploitation pratique de la Loire.

Quelques années auparavant, les péages avaient été réglementés, le service des turcies et levées attribué au général des Finances, puis au bureau des trésoriers de France. L'emprise devient donc plus étroite. Le fait que la charge de Grand Voyer est dévolue à Sully, le premier ministre du bon roi Henri, indique l'intention très nette de reprendre au profit du pouvoir central l'administration de la marine de Loire. A la même tactique, un autre premier ministre, celui du grand roi Louis XIV, consacra ses soins et son activité. Colbert créa les intendants de justice, police et finances, et soumit à leur exploitation et à leur contrôle tous les services de voirie. A eux la mise à bail des boîtes, l'adjudication du balisage, à eux encore l'ordonnancement des paiements pour les ouvrages consentis et reçus par leurs commissaires. Il ne manque plus à l'affaiblissement de la vaste Fédération marinière que la perte de Nantes et de la Bretagne, qui l'abandonnent et obtiennent l'autonomie, en échange de leur engagement d'assurer l'entretien de la navigabilité dans les limites de la province bretonne (1700). A la même époque, et par suite des guerres, le trafic par eau diminue considérablement.

Cinq ans après, suppression des Assemblées générales.

Le pouvoir central triomphe. Le bureau tient bon. Il assume l'administration, mais se heurte à l'indifférence des procureurs près les villes, dont les attributions sont diminuées. Bientôt s'effritera cette organisation corporative qui fit grands, loyaux, actifs, bons à vivre les métiers français dans tous les domaines. En effet, la tutelle gouvernementale s'appesantit par l'abolition des droits de boîte, l'attribution définitive aux Ponts et Chaussées des turcies, des levées et des chemins de halage, et, enfin, par la suppression de la Communauté en 1773. Au reste, le monopole de la navigation ligérienne avait déjà été attaqué. La Société exploitant le canal de Briare demandait celui du transport des voyageurs et marchandises de Roanne à Paris. Elle obtint seulement le monopole de Briare à Paris, avec restriction de poids des marchandises à 50 kilos.

Privilèges, recours contre certaines oppressions, secours moraux et matériels, droits administratifs, tous les avantages qu'assurait aux voituriers par eau et à tous les compagnons de marine la vaste fédération, disparaît avec elle ! Du moins, l'unité administrative tant désirée par le pouvoir central était réalisée.

On avait noté un regain de l'activité marinière depuis le milieu du siècle. La tourmente révolutionnaire l'emporta comme tout le reste, et le déclin s'accentua tandis que les guerres firent le vide dans la population.

Après l'Empire se produit la renaissance de la navigation intérieure ; elle atteint son apogée de 1815 à 1820. On compte à cette époque une circulation de 2.076 bateaux entre Briare et Orléans, et de 4.886 depuis Orléans jusqu'à Blois. Le premier service de bateaux à vapeur est inauguré à Nantes en 1823, pour le trajet Nantes-Tours, et prolongé jusqu'à Orléans en 1829. Successivement parcourent la Loire : en 1832, *L'Aigle* ; 1834, *Le Vulcain* ; puis les *Inexplosibles*, les *Hydrophiles*, les *Hirondelles*, les *Concurrents*, les *Paquebots* qui naviguent de Nantes à Châtillon, les *Remorqueurs* de la Haute-Loire, les *Messageries de la Loire* et les *Étincelles*. Dès 1846, la Compagnie des chemins de fer de P. O. absorbe et dédommage les Paquebots, les Inexplosibles et les Messageries ; les autres services disparaîtront peu après.

De leur côté, les canaux, dont la concurrence avait commencé au XVIIIᵉ siècle, accaparaient les transports. Le canal latéral mis en service dans la partie actuellement existante absorba rapidement tout le trafic de Roanne à Châtillon-sur-Loire.

Aux prises dans la lutte avec les canaux, la navigation à vapeur et les chemins de fer, les mariniers de Loire ne peuvent plus lutter. C'est que le facteur vitesse, privilège de la traction mécanique ; c'est que la sécurité, l'économie, la régularité, qui sont l'apanage des canaux, comme l'a si bien démontré Mahaut, et comme nous le verrons plus loin, prennent une place de plus en plus déterminante dans les conditions de l'activité économique.

Les bateaux à vapeur disparaissent complètement de Roanne à Angers en 1855. Depuis, quelques rares services ont été tentés, mixtes d'abord, puis uniquement destinés au transport des marchandises entre Angers et Nantes. Seul, l'entêtement des partisans de la Loire navigable et de quelques fonctionnaires des services techniques les ont maintenus jusqu'à ce temps. Nous verrons que toutes les tentatives faites pour essayer la régularisation du fleuve ont échoué.

Dix ans après la suppression des vapeurs dans le cours haut et moyen de la Loire, les vieux mariniers l'abandonnaient définitivement.

Plus de ces équipes vivantes et joyeuses égrenant au fil de l'eau propos gais et chansons ! Plus jamais de ces appels des toutiers que se répétaient les échos : « en mer ! en mer ! en galarne ! » Plus de ces fiers seigneurs de marine imbus de leur importance et de leur force !

Et bientôt disparaîtra avec la suppression du crédit pour l'amélioration de la Loire, le peu qui demeurait de la navigation mécanique dans la partie basse du fleuve.

Pour remplacer la voie d'eau naturelle, Mahaut va nous le prouver, *seuls les canaux sont pratiques, et seuls ils peuvent assurer la prospérité économique française !*

CHAPITRE IV

LA COMMUNAUTÉ DES MARCHANDS FRÉQUENTANT LA LOIRE

Caractère

Trop active fut la Communauté des Marchands fréquentant la Loire, trop soucieuse se montra-t-elle des intérêts de nos mariniers, pour la laisser dans l'ombre. Elle mérite une étude spéciale.

Ce fut, au XIVe siècle, un groupement général sous le nom de *Marchans de Loire*, puis *Marchans conversans et repèrans*. Enfin, et parce que les intérêts du fleuve et de ses affluents se confondaient, apparaissent, en 1382, les *Marchans fréquentant la rivière de Loire et autres fleuves descendant en icelle*.

Les marchands englobent dans leur dénomination les mêmes professions que les anciens Nautes, et organisent une Communauté qui revêt le caractère fédératif des corporations des villes, plutôt que des individus. Les cellules administratives sont les Villes associées.

La Communauté pourvoit aux intérêts généraux, administre les droits des mariniers, s'occupe de l'entretien des voies navigables, maintient les péages dans leurs limites légales et en poursuit la réforme. Elle est donc bien, de ce fait, une sorte de Société des villes pour l'exploitation administrative de la Loire.

Elle devient, à l'égard des personnes, une société de secours mutuel. En retour du paiement du droit de boîte qui forme leur cotisation, les nautonniers profitent de l'assistance de la Communauté. Elle s'occupe de leurs griefs et se substitue à eux dans leurs revendications ; elle les appuie vis-à-vis des seigneurs péagers, les dédommage en cas d'emprisonnement ; en cas de mise à mort, la femme touche une pension. Si l'un des serviteurs des maîtres mariniers devient infirme ou impotent, la Communauté assure son existence.

Organisation

L'administration de la Communauté incombe aux Assemblées générales des délégués marchands ou mariniers, nommés par les villes. On fixe la première à l'année 1402. C'est dans l'hôtel des Echevins d'Orléans, siège des bureaux de la Communauté, de la conservation des archives et du trésor, qu'avaient lieu les réunions.

Les Assemblées possèdent un pouvoir général et absolu, tant au point de vue administratif qu'en ce qui concerne l'emploi des fonds, les travaux à exécuter et les instances judiciaires. Elles adjugent les travaux, et mettent à bail en bloc ou en détail les droits de boîte. Nous avons noté leur disparition à la fin du XVIIIe siècle. Dans l'intervalle de leurs assises, l'administration incombait à un Conseil composé des délégués de la ville d'Orléans. Ce conseil demeura le seul organisme administratif quand elles furent supprimées. Aux délégués des villes étaient dévolus le soin de représenter et de maintenir les droits des mariniers, et le contrôle des travaux, chacun dans sa province.

On choisit les dignitaires parmi les membres du Conseil central et de l'Assemblée. Ils comprennent :

Deux procureurs généraux chargés d'administrer, de faire

exécuter les ordres de l'Assemblée, de procéder aux enquêtes nécessitées par les litiges ;

Un receveur général qui a la main sur les mouvements des fonds ;

Un notaire greffier rédacteur des procès-verbaux préposé à la comptabilité.

Ces administrateurs touchent des rémunérations, tandis que les procureurs des villes n'ont droit qu'au remboursement de leurs frais de voyage et des fonds avancés pour le compte de la Communauté. Indépendamment des membres du Conseil, celle-ci entretient des conseils, avocats, procureurs et hommes de loi pensionnés et attitrés à Paris et dans d'autres villes.

Dépenses et recettes. — L'Assemblée générale, et, en cas d'urgence, le Conseil, sur mandat signé de cinq, puis de quatre de ses membres, ont seuls la disposition des fonds communs. Une aussi vaste organisation occasionne naturellement des dépenses considérables et destinées à des usages très différents.

Au titre administratif, relevons : toutes celles qui concernent la gestion, l'administration, les appointements, les différentes indemnités et aumônes.

Au titre des travaux : l'entretien de la navigabilité par tous les moyens en usage.

Au titre des subventions générales : les subsides destinés aux opérations et ouvrages militaires.

Mais d'autres dépenses d'une nature spéciale grevaient le budget ; j'entends par là les présents aux fonctionnaires et à toute leur suite. On appelait cela des présents d'honneur. Ah ! le bon mot pour très honorable chose !

Lisez Mantellier, le fait en vaut la peine : « Au xvie siècle, ce sont des distributions de vin à pot (origine de l'expression *pot de vin*), pâtisserie, chair, aux délégués pendant les Assemblées, une subvention annuelle aux baillis, prévôt, procureur et avocat du Roi à Orléans... des envois de vin à tous les personnages dont l'appui peut être utile à la Compagnie, des cadeaux à leurs secrétaires et serviteurs et à ceux de leurs femmes ».

Pendant le xviie siècle, le Parlement reçoit 24 douzaines de douzaines de boîtes de cotignac ! (confiture de coing, spécialité d'Orléans). Le cotignac est remplacé plus tard par soixante-dix livres de bougie de table à M. l'Intendant, cent livres de sucre à Madame, et des dons en argent « au secrétaire de Monsieur, à son valet de chambre, à son hocqueton (archer), à ses laquais, à ceux de Monsieur, au portier, au valet du secrétaire ».

Il n'est pas étonnant que le budget des dépenses s'élevait, en 1494, à 2.578 livres (14.097 francs d'avant-guerre, bases de nos estimations), et, en 1579, à 7.131 livres (22.326 francs).

Les recettes provenant de la perception des droits de boîte, des remboursements par les péagers, et des indemnités judiciaires atteignirent 2.057 livres (11.255 fr. 94) de 1494 à 1497, et 7.698 livres (24.220 francs) de 1579 à 1583.

JURIDICTION. — De la juridiction du Parlement, et sans aucun tribunal intermédiaire, relevait, au début, la Communauté, c'est-à-dire la marine de Loire. Un arrêt du Conseil royal, arrêt rendu sur un rapport de Colbert, enjoignit bien, le 22 décembre 1682, que tous les procès entre la Communauté des marchands et les particuliers « seraient jugés à l'avenir par les sieurs Commissaires répartis dans les généralités de Lyon, Riom, Moulins, Orléans et Tours, chacun dans leur département ». — Cette mesure n'eut jamais l'agrément des intéressés.

COUTUMES RELIGIEUSES. — Je rappelle que la Communauté groupa les confréries de mariniers, et nous avons reconnu pour leur patron saint Nicolas. Les messes hebdomadaires que la Communauté faisait célébrer étaient dites à Orléans, les jeudis, dans la chapelle de Saint-Jacques près le pont, dont la gracieuse façade orne aujourd'hui le jardin de l'Hôtel de Ville, et les lundis, dans celle de Notre-Dame-de-Pitié, en l'église des Jacobins, bâtie en grande partie des deniers communs.

CHAPITRE V

LES PÉAGES

Quelques explications sur les péages, cause de tant de réclamations et occasion de luttes continuelles de la part des mariniers, sont nécessaires pour compléter la physionomie de la navigation ligérienne. Les dépenses nécessitées aussi bien par l'entretien du fleuve en état de navigabilité que par la protection des rives, et celles destinées à alimenter le budget de la Communauté, en motivèrent l'établissement. Des bureaux installés sur les berges servaient à leur perception. Un petit billot de bois suspendu à un poteau ou à un arbre, et qui portait le nom de billette, les signalait à l'attention ; des pancartes portaient la liste des gens et marchandises soumis aux taxes.

Souvent on les percevait au même endroit pour plusieurs bénéficiaires. Ceux-ci prélevèrent les droits en nature ou en espèces d'abord, puis en argent seulement, à des taux variables pour chacun, variables encore suivant les nécessités du moment et du lieu, et selon les fluctuations de la monnaie. Des tarifs imposés par le pouvoir central remplacèrent au xvi⁰ siècle les anciennes pancartes.

Il faut distinguer deux sortes de péages : les particuliers et ceux perçus pour le compte de la Communauté des Marchands.

Leur caractère est, au reste, très différent. Aux péages particuliers, la forme vexatoire d'un tribut dont profitaient un trop grand nombre de personnes, appliqué à trop de marchandises, détourné souvent de son but pour devenir un simple droit à revenu. Aux péages, dits droits de boîte, établis par la Communauté afin de subvenir aux intérêts divers des mariniers, la largeur de vues, la restriction à quelques espèces, la perception pour de longs parcours et des expéditions massives, le paiement en un seul point.

Les péages particuliers sont l'apanage des grands seigneurs, des Villes, de quelques ecclésiastiques ou laïcs, propriétaires ou suzerains d'une certaine étendue des rives du fleuve, auxquels revenait le devoir d'en assurer l'entretien.

Nombreuses sont les personnes et marchandises frappées par les taxes. Je cite pour les personnes, d'après Mantellier : ici « l'épousée et ses gens », là « le bateau chargé de pèlerins », ailleurs « le juif, le juif vif, la juive grosse, le juiveau, l'homme mort, le juif mort, la juive morte... ». Figurent sur les pancartes des marchandises dont le détail embrasse tout ce qui se consomme et tout ce qui se vend ; à côté des objets d'orfèvrerie, des fayences, des vêtements, les bois, les grains, les métaux, avec des anomalies bizarres qui nous semblent actuellement plaisantes.

Cependant, de multiples exemptions intervinrent successivement, selon que les seigneurs avaient besoin des gens, et leurs sujets besoin de denrées. En général, nobles, religieux, soldats, pauvres, familles des mariniers, ne paient pas parmi les gens. Au rang des marchandises franches, celles qui affectent les malheureux et celles destinées à l'usage des édifices religieux et seigneuriaux, ainsi que les denrées de l'alimentation. Néanmoins, certaines règles onéreuses ou bizarres président à la dispense du paiement, telle l'obligation d'annoncer la cargaison exemptée, sous peine d'amende.

On appelait cela « dépryer ».

Au péage de Saint-Thibaud, « bateau chargé d'ardoises devra que dépry, c'est assavoir : que celui qui ménera ledit bateau criera à haulte voix, à l'endroit dudit péage : « Je » mène ardoise » et jettera une ardoise dans l'eau ».

« Le sénevé (moutarde) ne doit que dépry, en dépriant deuement, car si en faisant ledit dépry, le conducteur d'icelle marchandise dicte ces mots : « Je déprie moutarde », le conducteur doit six deniers tournois par chaque demimuid ».

Les péages devenus le privilège des Villes et des particuliers se multiplièrent, malgré les arrêts en réduisant le nombre suivant leur ancienneté. Un édit du 30 juin 1630 ordonna même l'abolition des droits particuliers et leur remboursement par le Trésor au denier vingt ; cela n'empêche qu'on en comptait encore 75 en 1787, tant pour la Loire que pour ses affluents.

Maints procès découlèrent de l'usage abusif de leurs droits, fait par les péagers. Le plus important porte le nom de procès de la cloison d'Angers ; il dura simplement 300 ans.

Bel exemple de l'opiniâtreté de nos mariniers, que nous verrons revivre dans Mahaut, l'inlassable apôtre de la cause canaliste.

La Communauté des Marchands, je l'ai dit, dut établir des péages spéciaux, dits droits de boîte, afin d'alimenter son budget. Ils tiennent leur nom de celui des caisses dans lesquelles, aux bureaux des péages, les receveurs versaient les sommes perçues.

Trois boîtes existèrent d'abord, celles de Nantes, Saumur pour l'Anjou, La Charité. La boîte de Nantes se réserve le paiement des taxes sur le sel. Furent ajoutées, vers la fin du XVIᵉ siècle, celles de Nevers et Blois sur la Loire, Moulins sur l'Allier, et on en compta jusqu'à treize. Les boîtes disparurent en 1752, précédant de vingt ans la chute de la Communauté.

CHAPITRE VI

ENTRETIEN DE LA VOIE NAVIGABLE EN LOIRE

Aux vicissitudes de la marine sont intimement liées les mesures prises dans le but de faciliter la navigation. Nous allons les envisager rapidement.

Dans les lointaines origines, la Loire n'eut point de lit très exactement déterminé. Elle suivait les dépressions du sol, coulait tantôt ici, tantôt là, aux caprices des crues, de la mobilité de ses sables, de la croissance des verriaux (osiers) et arbustes divers qui les fixaient. On peut se faire une idée de l'incertitude de la navigation dans de telles conjonctures. Dès que celle-ci fut estimée une institution publique, la nécessité de fixer le chenal navigable obligea au balisage, à l'établissement de chemins de halage, à la construction des digues ou turcies, de levées, de quais, de ports.

Figurez-vous l'aspect du fleuve aux berges encombrées de piquets, pilotis, ancres, chaînes, enserrées ici par des digues et des batardeaux, encombrées ailleurs d'oseraies et autres végétations adventices. Le long des bords, moulins et viviers flottants, chalands arrimés se balancent mollement et entravent le passage des bateaux. Ceux-ci vont et se croisent, s'évitent, se rapprochent, et vont et croisent apostrophes et lazzis. L'eau clapote gentiment tout autour. Mais aussi les discussions éclatent ; on échange de gros mots, des invectives, des injures ; on en vient aux mains, aux coups ; il se produit parfois mort d'homme.

Plusieurs édits royaux accréditèrent la Communauté des Marchands fréquentant la Loire au droit de faire enlever les obstacles « aux propres coûts et dépens des opposants », de faire « oster, couper, abattre et démolir tous les empêchements contraires ».

A cet effet, le fleuve fut, au xv⁰ siècle, divisé en cantonnements ou détroits. Encore que le nombre en ait varié, il se tint entre 17 et 20. L'entretien dans les pays hauts rocheux et accidentés coûtait plus cher que dans les pays bas ; au demeurant, l'un compensait l'autre. Cette organisation dura pendant tout le temps que la Communauté des Marchands fréquentant pourvût à la navigabilité, et qu'elle eut à sa charge pour l'assurer, outre les procureurs près les villes chargés de la renseigner sur les travaux à exécuter, et à en surveiller, puis vérifier l'accomplissement, des ateliers équipés en vue de les effectuer. Ainsi, chaque cantonnement était muni d'un chaland à tillac, au mât duquel flottait une enseigne aux armes du roi de France, du duc ou de la ville d'Orléans. Le matériel du bateau s'appelait l'engin de balisage. Il y avait le petit et le grand engin, suivant le nombre et la composition des outils et du matériel.

Nous distinguerons pour étude spéciale parmi les travaux destinés à maintenir la Loire en état de navigabilité :

Le balisage,
L'entretien des chemins de halage ou hausserées,
L'entretien des turcies et levées.

Le *balisage* est à proprement parler la signalisation du chenal navigable. Celui-ci devait être entretenu de huit toises (16 mètres) de largeur « au droit fil et profondeur » de l'eau.

On effectuait autrefois le balisage par l'implantation dans le fleuve de piquets appelés balises. Pour les pays hauts, les balises étaient de bois dur, et de bois blanc dans les pays bas. Longues elles furent de 6 à 7 mètres, sur 3 à 5 centimètres de grosseur durant les premiers temps ; le diamètre en augmenta plus tard.

Au XIX° siècle, malgré le balisage officiel, et comme celui-ci n'était pas régulièrement effectué, les équipes de bateaux durent être souvent précédées, ainsi que nous l'avons vu, de toutiers baliseurs. Ils les devançaient de trois à quatre cents mètres et repéraient le chenal quand cela était utile. Leurs balises sont faites de tiges d'arbres effeuillées, sauf au sommet, dont la houppe constitue un moyen de plus grande visibilité. Ces signaux étaient plantés droits quand les bateaux devaient passer à galarne, à droite en descendant le fleuve de son origine jusqu'à Orléans, et cassés, la partie brisée pendante, quand on devait prendre à gauche, en mer, ce qui signifie du côté de l'Océan. Lorsque le passage pouvait être effectué indifféremment à droite ou à gauche, le toutier plantait une balise en croix.

Sous la dénomination d'*hausserées* ou *auxerées*, voyez les chemins de halage. Parfois ils sont établis en contre-haut du fleuve, le long des rives, parfois dans le lit même sur des exhaussements. Leur nom peut provenir de ce fait, ou de celui qu'ils servent à hausser, c'est-à-dire à tirer les bateaux en remonte.

Ils mesurèrent 13 pieds (4 mètres) d'abord ; leur largeur est fixée à 18 pieds en 1498.

Ce sont les péagers qui auraient dû entretenir balises et chemins. Inutile d'ajouter qu'il n'en fut rien, et que les péagers préféraient rembourser à la Communauté des Marchands les frais des travaux mis en œuvre et contrôlés par elle, ou même souscrire un abonnement pour l'entretien général. Afin de régulariser le cours du fleuve et de protéger contre l'inondation les villes riveraines, d'importants ouvrages s'imposaient. Je fais allusion aux *turcies* ou *digues*, et aux *levées* et pilotis. Ces travaux dispendieux et de large envergure réclament science et prudence. Si intéressant était considéré leur établissement, que l'Etat en assuma la direction dès le xv⁰ siècle. Un intendant des turcies et levées fut préposé à leur entretien. En cas d'urgence lors de destruction par les crues, des corvées étaient mobilisées et contraintes de réparer ces ouvrages.

Quant aux ports dont l'établissement incombait aux villes, la Communauté en améliora plusieurs, de compte à demi avec elles.

Et maintenant, de la Loire nous passons logiquement aux canaux destinés à la remplacer.

Auguste MAHAUT en fut l'apôtre ; ils sont toute sa pensée, toute sa vie. « A la grâce de Dieu et sous la conduite » de ce marinier, comme il était énoncé en tête des anciennes déclarations de transport par eau, nous allons les aborder.

Mais notre homme s'impatiente et je l'entends crier :

DES CANAUX ! DES CANAUX !

Auguste MAHAUT

— l'Apôtre des Canaux —

L'HOMME

Notes biographiques

Auguste MAHAUT naquit à Nérondes (Cher), le 20 mars 1842. Sa famille venait de Bretagne par eau ; elle était d'une vieille souche de mariniers. On disait communément sur les rives de Loire : « Il y a des *Mahaut* plein les canaux ». Il fit ses études à Orléans, au pensionnat Démond, où professaient des maîtres du lycée, et le quitta en 1858 pour naviguer comme ses ancêtres.

Le voilà sur la Loire attirante par sa beauté, mais dont il dut bientôt subir le caractère irascible et changeant. En 1862, nous le voyons à la tête d'une flottille composée de 54 bateaux, groupés d'après leur direction d'origine, qui, au milieu de difficultés toujours renouvelées, dont je vous ai donné un aperçu dans l'étude sur les mariniers, furent conduits à Orléans, Tours, Saumur, Angers, et, enfin, Nantes. Le récit de ses aventures par eau est présenté de façon savoureuse dans ses écrits et particulièrement dans la brochure *L'Idée de la Loire navigable*.

Mahaut se marie en 1864, et, la même année, s'associe avec son père sous la raison sociale : *Mahaut-Berthon et Fils*.

A l'époque de la guerre (1870), il résidait à Saint-Léger-des-Vignes (Nièvre), où son grade de sergent-major dans la Garde nationale lui valut de recevoir Gambetta se rendant à la frontière. Tout en dirigeant à Roanne une entreprise de batellerie importante, il prend charge d'une des plus grosses affaires de transports par eau du dernier siècle, celle des pyrites de la Maison Perret frères et Olivier, de Lyon, et se fixe à Roanne pour l'organiser. Il abandonne définitivement la Loire capricieuse et intraitable en 1877, s'occupe de transports et de commerce, et, dès 1890, à Marseilles-les-Aubigny, comme agent de navigation sur les canaux du Centre.

En cette année 1926, nous le trouvons toujours au travail, sans trop ressentir le poids du labeur et du temps, toujours jeune d'esprit et de cœur, malgré ses quatre-vingt-quatre années. Une coquette demeure l'abrite avec sa famille entre Loire et Canal, dans le petit pays « tout en eau ».

Trois enfants ont embelli son foyer : deux fils, l'aîné aveugle de naissance, musicien de premier ordre, élève de César Franck, chevalier de la Légion d'honneur, le second directeur d'école publique, et une fille, directrice d'Ecole normale en retraite.

Saluons cette belle famille aux nobles traditions.

La vie de Mahaut tout entière consacrée à sa profession, et à l'apostolat auquel il s'est absolument consacré, déborde les quelques pages qui suivent, faibles échos d'un travail incessant de la plus haute valeur, et qui, mieux que ces notes brèves, formeront sa biographie.

L'Homme au physique et au moral

Le visage souriant, avec un air d'accueillante bonhomie et le regard pétillant d'une singulière pénétration, le corps ramassé des lutteurs, la carrure large et la démarche assurée des gens qui vivent sur l'eau ; tel se présente Auguste Mahaut.

Action et résolution se lisent sur sa physionomie.

Au moral, du reste, intelligence vive, foi profonde, volonté tenace, désintéressement absolu.

L'idée se présente-t-elle ? Mahaut s'en empare, et elle s'empare complètement de lui. Aussitôt il examine, il déduit, il coordonne. La réflexion compose, l'imagination développe. Et lorsqu'un projet nouveau lui est soumis, il le greffe rapidement sur le rameau qu'il prolongera. Il se l'identifie et le nourrira de la sève de sa pensée et de l'ardeur de son action. C'est en somme un animateur.

L'intelligence de Mahaut se traduit encore tant par le choix de ses moyens et de ses collaborateurs que dans sa modération, et l'effort de conciliation précédant toute lutte contre ses adversaires.

Il sait grouper ses partisans avec méthode, diriger sans froisser, convaincre aimablement.

Il a la foi profonde. Elle est le puissant levier de son action. Elle s'appuie sur les meilleures bases, et le bon sens et l'amour du progrès.

Dès le premier numéro de son journal, il nous avertit :

« J'écrirai hardiment parce que je pense sincèrement.

» J'écrirai hardiment parce que je suis d'accord avec les hommes compétents.

» J'écrirai hardiment parce que je travaillerai comme par le passé pour l'intérêt général et que, seules, ma conscience, mes connaissances, mon expérience feront marcher ma plume et à mes frais ».

Dans une lettre à M. Yves Guyot, le 24 avril 1907, je trouve la même affirmation ; et, d'une autre, adressée à M. Mazoyer, ingénieur en chef des Ponts et Chaussées, j'extrais :

« Je sens si fortement tout cela que je ne pourrai m'empêcher de chercher à communiquer dans toutes les sphères, et surtout dans les hautes, la foi qui m'anime, le feu, l'ardeur qui me poussent en faveur des canaux ».

A l'amiral de Cuverville, il déclare :

« Quand un homme simple regarde des hommes aussi compliqués, il voit combien le bon sens est parfois en lutte avec la politique des grands ».

Et il continue dans son journal :

« Mais, quand même, c'est le bon sens qui triomphera ; on connaît aujourd'hui ma compétence et mon opiniâtreté, ma plume saura dire tout ce qu'il faut pour le faire triompher ».

Il est opiniâtre, certes, car il a la volonté tenace de l'homme qui consacre jours et nuits, forces et santé, toutes ses ressources pécuniaires, à soumettre à ses prétentions à lui, simple agent de navigation, les plus hautes compétences.

Lisez plutôt : « Certes, je suis fier qu'un tel drapeau m'ait été confié ; je l'agiterai et le porterai aussi haut que besoin sera ; ni ma plume, ni mon bras ne seront jamais fatigués, et c'était pour vous expliquer que, vu un pareil dépôt, j'avais charge et devoir de ne cesser mes efforts qu'après la prise en considération du canal latéral par la Commission, ou à bout de forces ». — Cette citation de son journal suffira.

Il sait vouloir, car il aborde franchement, il saisit vivement, il presse, au besoin il s'obstine. A travers les difficultés, il marche droit au but, écarte les obstacles, roule avec eux, se relève et jamais ne se décourage, et clame à tous : « Des canaux ! des canaux ! ». C'est l'Apôtre.

Le plus grand désintéressement préside à toute son œuvre. Par ses connaissances, il aurait pu aspirer à une condition supérieure ; par ses relations, l'obtenir. — Tout son gain est transformé en propagande pour sa cause. Toute son ambition est enfermée dans ces lignes qui terminent la préface de sa brochure : *La Navigation intérieure et les Transports.*

« J'écris d'abondance et hardiment parce que je pense sincèrement, avec la conviction que je me rends utile à mon pays. Autrement, je ne cherche rien, rien que les canaux qui manquent à la France... et je reste simplement fidèle à ma devise en continuant :

> « A semer avec ardeur en des endroits choisis
> Et en abandonnant la récolte à mon pays. »

Et Mahaut vit dans une modeste, trop modeste position, pour l'honneur de son pays et des intérêts qu'il a défendus.

Le style

A ceux qui ont lu Mahaut, je n'apprendrai rien en leur disant qu'il sait écrire.

Sans doute, on trouve un peu de confusion. « J'écris avec abondance », a-t-il averti. Que voulez-vous ? Mahaut pense tandis que court la plume, et celle-ci est en retard sur le

Fête du 1er Juin 1925 en l'honneur d'Auguste MAHAUT

LE DÉPART DU CORTÈGE

Photo Béhle

cerveau. Le cerveau bouillonne ; les idées abondent, chevauchent l'une sur l'autre, débordent, renversent toute méthode. Mais, au fait, c'est la raison même de mon travail qu'éclaicir, sérier, condenser.

Toutefois, la langue est pure, la phrase souvent élégante, jamais ennuyeuse. Tour à tour, la poésie, la malice, la gaîté marinière font éclore fleurs et saillies, reposent des explications didactiques et des raisonnements compliqués. Ses correspondants s'empressent à louer ses tournures de phrases harmonieuses et l'emploi des images. Ses adversaires ont à redouter les traits ironiques et mordants. J'ai trouvé dans la correspondance une lettre adressée à « Auguste Mahaut, littérateur », et c'est à ce titre qu'il reçut d'Italie une médaille. — M. de Jumilly rend hommage à son « esprit délié », et à « l'imagination fertile » que révèlent ses écrits.

Mahaut, artiste dans l'âme, est poète surtout en prose, par ses descriptions ; la lecture du tableau qu'il fait de la Loire vous en convaincra. Il l'est encore par les effusions de ses intimes sentiments. Mieux voulut-il faire encore. Il essaya d'accorder sa lyre au charme et à la grandeur de ses pensées. Rimes ou arrimages, le lecteur jugera :

« En ce qui me concerne, lisons-nous dans l'*Idée de la Loire navigable*, je ne suis jamais si heureux que lorsque je retourne à cette mer

« Que j'ai toujours beaucoup aimée
Car je suis de ceux à qui elle a parlé ;
Et, malgré que je l'ai vue souvent fâchée,
Mon amour pour elle n'a pas diminué.

Mes aïeux sur ses flots ayant été longtemps bercés,
Il me semble qu'en Bretagne il y a cent ans j'ai passé ;
Aussi dès l'âge où mes goûts et ma carrière se sont manifestés,
C'est à Nantes, à Lorient, que je me suis d'abord transporté. »

» Ici le lecteur est prié de considérer que c'est un marinier

« Qui sans prétention
S'exprime à sa façon. »

L'œuvre technique de Mahaut va plus efficacement retenir notre attention. Nous allons l'aborder.

TITRE SECOND

L'ŒUVRE

CHAPITRE Ier

LES VOIES NAVIGABLES

Importance des voies navigables

Il semble inutile de vouloir démontrer les avantages des transports par eau, quel que soit le mode de navigation, fleuves et rivières canalisés ou canaux. En thèse générale, on peut dire que la prospérité d'un pays est en fonction de son aménagement de transports. Les uns sont plus rapides, mais plus coûteux : les chemins de fer ; les autres, plus lents, mais économiques : les voies d'eau.

L'opinion de M. Krantz, ministre des Travaux publics d'alors, a été maintes fois rappelée par Mahaut. Son expression résume, en effet, tout ce qu'on peut dire des avantages des voies d'eau : « Les voies d'eau suscitent des améliorations agricoles, provoquent l'établissement d'usines, facilitent l'exploitation des mines, des carrières, des forêts, augmentent en un mot la richesse publique, et l'Etat prend sa part des richesses créées. Ces richesses ont une puissance d'amortissement qui constitue la fortune publique et permanente du pays ».

M. Barthou déclarait au Conseil supérieur des Travaux publics, le 2 avril 1908 : « A aucune époque les questions de navigation n'ont tenu dans les préoccupations des nations une place aussi prépondérante ». Et Mahaut rappelait ces appréciations au récent dîner des Nautes, à Paris, le 15 juin 1926. Lui-même avait écrit jadis au sénateur italien Colombo : « On ne peut pas ne pas reconnaître que l'aspiration à étendre les voies d'eau devient de jour en jour plus impérative, correspond à une réelle manifestation du progrès civil ».

Cette aspiration devint le but de son œuvre et de sa vie.

Mais quelles voies sont préférables des fleuves ou des canaux ? Mahaut nous le dira.

Appelé à bourlinguer en Loire dès l'âge de seize ans, il a connu les caprices du fleuve et n'en a pas été charmé. Il a subi tous les ennuis du cheminement prolongé, des arrêts forcés par suite du manque ou de l'excès d'eau, du changement du lit, des perturbations de toutes sortes. Après douze années d'usage et de lutte, mieux vaut y renoncer. Cependant, si les voies d'eau naturelles sont pour la plupart inexploitables, les hommes ont créé des chemins artificiels, les canaux, dont l'emploi peut et doit être fécond en résultats.

Mahaut en a rapidement saisi les avantages. Un chapitre très suggestif de sa brochure *L'Idée de la Loire navigable* relate comment les canaux ont remplacé les fleuves. C'est dire pourquoi le dernier des mariniers de Loire devint le plus ardent protagoniste des canaux.

Presque immédiatement, et à l'occasion de la discussion entre les partisans de l'utilisation du Rhône et ceux du canal latéral, une intervention directe le met en vue. Et voilà que bientôt surgissent les idées nouvelles, et son programme et son action s'étendent.

C'est alors que le titre d' « Apôtre des Canaux » lui fut attribué par l'amiral de Cuverville.

C'est alors que Mahaut jette son cri de ralliement : « des Canaux ! des Canaux ! ».

Mais pourquoi les canaux qui existent sont-ils si peu employés ?

Pourquoi la batellerie décline-t-elle ? Va-t-elle mourir ?

Exemple de sa décadence : les chantiers de Chalon-sur-Saône qui, autrefois, livraient un bateau par jour, n'en fabriquent plus que quinze par année en 1877.

Pourquoi enfin la campagne de l'Apôtre est-elle mal accueillie ?

« Parce que, écrit Mahaut à M. le Président de la République, le 6 janvier 1904 :

» J'ai trouvé devant moi :

» Les droits de navigation qui étouffaient la batellerie, des chemins de fer qui gênaient le développement du commerce et de l'industrie par des tarifs aussi régulièrement homogènes qu'arbitraires et exagérés ».

Par ailleurs, il explique que les chemins de fer établissent des prix de transport plus ou moins élevés, suivant qu'ils sont ou ne sont pas concurrencés par les canaux. Premiers obstacles à renverser. Ils tomberont. En temps opportun j'y reviendrai.

Les propositions de Mahaut sont encore mal accueillies parce que les canaux ont des adversaires puissants, attirés par d'autres solutions, que Mahaut doit convaincre et vaincre. Ce sont les protagonistes de l'utilisation des voies d'eau naturelles ; tels certains ingénieurs des Ponts et Chaussées. Tels des esprits cultivés autant que distingués qu'attiraient et figeaient dans leur obstination le mirage de la situation naturelle, les préoccupations financières, et même certaines considérations d'amour - propre. Telles encore, et surtout, les administrations que la campagne pressante de Mahaut gênait ou obsédait.

Son premier souci dut être de faire prévaloir la supériorité des voies navigables artificielles sur les naturelles. Il pourra dire après en toute assurance : « Prenons les eaux courantes pour en faire des eaux dormantes : voilà le secret de l'avenir ».

Les fleuves français et leurs inconvénients

Mahaut, par profession et par expérience, nous l'avons entrevu, était mieux que tout autre qualifié pour exposer les inconvénients des fleuves. Ses titres sont de premier ordre, et ses droits à la parole d'excellent aloi. En appeler à l'origine et à la lignée des Mahaut ; venus de Bretagne « il y a cent ans, tous les Mahaut vivaient sur l'eau » ; entendre narrer dans un langage pittoresque et savoureux « l'ancienne navigation de la Loire au milieu du xix° siècle » qu'il a pratiquée, telle qu'il la raconte dans l'*Idée de la Loire navigable*, convaincraient les plus sceptiques.

Bien souvent cette plainte revient dans ses conférences et dans ses écrits, qu'on ne veuille pas faire appel aux vraies compétences, à ceux qui ont pratiqué les fleuves comme lui, comme M. Pergeline, ancien président de la Chambre de commerce de Nantes, et tant d'autres.

Mais les preuves abondent, les arguments se pressent, qui proclament les multiples inconvénients des fleuves. Il en est qui s'offrent immédiatement à l'esprit. Je cite la lenteur qui n'est plus de mise. Et puis, si les rivières sont, au dire de Pascal, « des chemins qui marchent », elles marchent à la descente sans jamais remonter leur cours ; aussi, lors de la navigation d'autrefois sur la Loire, les bateaux en sapin étaient vendus à l'arrivée à Nantes.

En général, d'ailleurs, une voie d'eau naturelle, suivant la démonstration de Mahaut, ne peut servir à la navigation qu'à la condition de couler lentement et d'être régulièrement alimentée. Seules, la Saône et la Seine remplissent en France de telles conditions, et avec cette réserve que la navigation n'y est ni permanente, ni absolue comme sur les canaux. Vouloir appliquer d'autres cours d'eau à la navigation est un leurre. On en sera facilement convaincu par la comparaison des profils de nos grands fleuves, profils qui déterminent la rapidité de leur marche.

Tandis que la Seine est à 37 mètres d'altitude à Paris dont la distance de la mer mesure 375 kilomètres, — la Loire compte 100 mètres d'altitude à 342 kilomètres de Nantes ; le Rhône 170 mètres à 335 kilomètres de la Méditerranée.

Et encore, parfois, tels les « animaux féroces » domptés par l'homme, la Seine « se souvient de son origine ; elle monte, monte, elle monte et arrête la navigation pendant deux mois, et, pendant ces deux mois, elle perd 25 bateaux ».

Quant à l'alimentation, nous relevons que le débit de la Loire varie de 7 mètres cubes à 7.000 à la seconde devant le port de Roanne, et de 10 mètres cubes à 25.000 devant le port d'Orléans. La vitesse du courant se chiffre par 5 à 6 kilomètres à l'heure en moyenne par temps ordinaire, et 8 à 10 en pleine crue.

Que faire avec de tels profils et un tel débit ?

D'autres arguments particuliers à la Loire ont été développés, que je citerai plus loin avec l'ampleur qu'ils comportent.

On oppose aux considérations générales indiquées plus haut les utilisations déjà faites du Rhône et de la Loire chez nous, comme en Allemagne du Rhin, de l'Elbe et de l'Oder.

Certes, la Loire a servi longtemps de moyen de transport, alors qu'il n'en était point d'autre meilleur. Des bateaux à vapeur naviguèrent sur son cours ; toutefois, leur disparition prouve leur déplorable rendement. Des dragages continuels et onéreux ne pouvaient entretenir le chenal ; les inondations suspendaient le trafic. Le canal latéral à la Loire et les chemins de fer firent disparaître ce service, ai-je écrit dans la première partie de cet ouvrage.

Pour ce qui est du Rhône, cause de l'intervention de Mahaut dans la lutte active, lui aussi servit et sert encore aux transports. On le remontait péniblement à l'aide de bateaux appelés « grappins ». Toute tentative de régularisation définitive échoua. On y engloutit 50 millions pour un trafic annuel de 260.000 tonnes, soit 6 millions et demi en vingt-cinq ans ; ce qui faisait dire au Président Félix Faure : « Comment n'a-t-on pas fait un canal latéral au Rhône, au lieu de jeter sous formes de pierres tant de pièces de 20 fr. dans le fleuve ? » J'ajoute que, nombreuses et vives sont les plaintes des riverains, de ce que les travaux faits pour le chenal déterminent et aggravent les inondations.

L'exemple de l'utilisation des fleuves d'Allemagne est une arme des partisans de la Loire navigable contre les théories de l'apôtre des canaux. Nous verrons en traitant de ce fleuve le cas qu'il faut en faire.

On peut affirmer qu'en général l'eau dormante sera toujours préférable à l'eau courante. Alors que la voie d'eau naturelle est constituée par un chenal de forme plus ou moins irrégulière, et de profil tourmenté, qu'il est composé de matériaux désagrégeables, et pourvu d'une alimentation inconstante, qu'est-ce qu'un canal, si ce n'est, selon Mahaut, une succession de « caisses d'eau » plus ou moins longues, de forme immuable, de profil étudié et compensé par les écluses, et d'une alimentation proportionnée, comparable à une tuyauterie munie de robinets ?

L'eau du fleuve court et entraîne les bateaux de gré ou de force ; celle du canal dort et borne son rôle à la sustentation.

La transition des inconvénients des fleuves à la supériorité des canaux est toute naturelle. Nous y arrivons.

Les canaux et leurs avantages

Les eaux dormantes, et, en l'espèce, les canaux, ont tous les avantages des inconvénients qui incombent aux eaux courantes, soit, en thèse générale : la sécurité, l'économie, la régularité.

Sécurité précisément par l'asservissement de l'eau à la seule action sustentatrice, dans un cadre et par des moyens prévus et réglables. En voici la preuve :

Tandis que l'on décompte le nombre des bateaux perdus sur les fleuves en général à 3 % et sur la Loire à 6 %, Mahaut n'a eu, en vingt-cinq ans, que deux accidents sur le canal ; encore a-t-on pu facilement récupérer les pièces de bois coulées, ce qui eût été impossible dans l'eau courante ; la perte ne s'est élevée qu'à 400 francs. 2 bateaux perdus sur 26.454 qu'il a contrôlés, — c'est un record. — Un trait particulièrement probant des avatars auxquels la marine est exposée sur les fleuves et les rivières, est le suivant. Un maître de marine avait envoyé d'Auxerre pour Paris cinq péniches ; toutes ont sombré dans l'Yonne. Deux ont pu être une première fois renflouées, qui ont coulé une seconde; ce qui pourrait faire dire qu'il y eut sept bateaux perdus sur cinq.

Economie qui provient de la force minime exigée par la traction en eau dormante. Deux chevaux traînent 300 tonnes sur le canal. Des essais faits en Loire, il résulte que, sur le fleuve, il faut un vapeur de 300 CV pour remorquer le même poids.

Qu'on ne s'étonne pas alors que la tonne kilométrique, qui revient à 3 centimes par fer, coûte 6 centimes par le fleuve de Loire, 3 centimes sur le Rhône, et seulement 1 centime sur les canaux.

Aussi bien le trafic par les canaux est-il très supérieur à celui des fleuves ; exemple : les trois tronçons du canal du Berry à petite section transportent annuellement 1.200.000 tonnes de marchandises environ, et le Rhône navigable seulement 266.000.

La régularité des transports par les canaux apparaît évidente.

En eau disciplinée et dormante dans les « boîtes » que sont les canaux, ni courant, ni lit changeant et désagréable, tandis que les sables constituent le plus grand obstacle à la circulation fluviale ; ni pénurie d'eau, ni crue. Mahaut a calculé que, mathématiquement, pour ce qui est de la masse des sables qui encombrent la Loire à Marseilles-les-Aubigny, soit à 480 kilomètres de Nantes, et descendent à raison de 3 m. 60 par jour en moyenne, donc 1.277 mètres par an, 375 ans seraient nécessaires à leur écoulement, si toutefois on avait trouvé le moyen de régulariser leur marche et qu'il ne s'en forme plus d'autres en amont.

La supériorité des canaux explique le développement consécutif à leur établissement.

Comme exemple de la prospérité issue de leur présence, typique est celui de la plus-value qui a suivi la mise à grande section du Canal latéral à la Loire de Roanne à Briare. En 1883, il transporta 446.881 tonnes, et, en 1903, il atteignit 768.993. — Typique encore l'activité du minuscule pays de Marseilles-les-Aubigny. Autour de lui sont groupées 22 usines d'une production de 550.000 tonnes. Il s'y effectue 50.000 tonnes de transit. Son petit port a accusé, en 1895, un mouvement de 300.000 tonnes, équivalent à celui du port de Nantes avant l'ouverture du tronçon de canal de Nantes à l'Océan.

En même temps que leur supériorité sur les fleuves, les canaux offrent des avantages marqués sur les chemins de fer.

Tout d'abord, le coût de la tonne kilométrique transportée est trois fois moindre. De plus, représentez-vous que le tonnage d'une péniche courante est celui de 30 vagons, d'un demi-train d'avant-guerre. Il est, au demeurant, plus facile de trouver une péniche dans un port de canal, que de réunir 30 vagons dans une gare. On peut aussi établir que, pour un même parcours où s'opèrent de nombreux changements de direction, donc de nombreuses stagnations aux gares de transit, le rail est moins rapide que l'eau.

Il a encore été admis, et l'expérience le prouve, que les deux modes de transport sont solidaires, et que la prospérité des canaux a toujours profité aux chemins de fer.

D'autres avantages d'un ordre plus général renforcent la thèse des canalistes. Je cite que Huerne de Pommeuse évalue, dans son *Histoire de la Navigation*, les augmentations du revenu territorial des contrées vivifiées par le Canal de Digoin à Chalon-sur-Saône à 12 millions 500.000 francs, pour une dépense d'établissement de 11 millions ; et par celui du Midi à 37 millions 500.000 francs, alors que sa construction coûta 33 millions.

Partout, en Europe comme en Amérique, s'est révélée l'aspiration à étendre les voies d'eau devenue « impérative », ainsi que je le citai au début, d'après Mahaut.

D'Alsace (sous la domination allemande), de Belgique où Namur a tant gagné par les canaux, de Suisse où est étudié en même temps que la question de Bâle port de mer tout un réseau de canaux rattachant les lacs entre eux et relié au Rhône, au Rhin et au Danube, des lettres et rapports sont adressés à celui qui est, aux yeux de tous, l'avocat autorisé des canaux. On y trouve la preuve du souci général d'organiser la navigation intérieure par ce moyen. En particulier, M. Schleiffer, membre de la Chambre de commerce de Strasbourg, qualifie de bluff la navigation sur le Rhin entre Strasbourg et Bâle, et réclame un canal latéral.

Voici l'écho de la voix dominatrice de l'empereur d'Allemagne qui proclame, dans un discours, à Dortmund : « Les besoins sans cesse grandissants des pays exigent des voies de communication plus nombreuses, et un échange considérable de marchandises à l'intérieur ne peut s'effectuer que par les canaux ». L'empire comporte un réseau très étendu. Le Mitteland Canal, qui reliera tout le système navigable, et le grand canal d'Anvers au Rhin, y sont en projet.

La Russie s'est inquiétée de cette question primordiale. Il faut lire la lettre qu'écrivait à Mahaut M. Audiffred lors d'un congrès de la Navigation intérieure à Saint-Pétersbourg ; on y voit avec quelle attention celle-ci était envisagée.

Je termine ces citations par l'Amérique du Nord. Là on a retiré 20 pour 1 des capitaux investis dans l'entreprise du reliement des grands lacs au moyen de canaux.

Il est utile en dernier lieu de donner la réponse de Mahaut à la grave objection du prix de revient d'un canal. Peu embarrassante est la riposte.

Pour séduisante que soit au premier abord l'utilisation directe d'un chemin d'eau mis par la nature à la disposition des hommes, il n'en est pas moins vrai de dire, et facile à établir, qu'il coûte en fin de compte beaucoup plus cher qu'une voie artificielle. Les travaux faits, l'entretien de celle-ci est à peu près nul. Rapprochez de cela les dragages continuels exigés par le déplacement des sables et du lit du fleuve ; envisagez les dépenses d'entretien des digues et autres ouvrages d'art, et vous verrez de quel côté penchera le plateau de la balance. L'exemple de la Loire qui vous sera donné vous édifiera.

Voulez-vous faire état de l'opinion de M. Krantz inscrite en première page du second numéro du journal de Mahaut (1er juin 1902) ? — « Les voies d'eau..... augmentent la richesse publique, et l'Etat prend sa part des richesses créées. Ces richesses ont une puissance d'amortissement qui constitue la fortune publique et permanente du pays ».

La cause sera jugée. Elle l'est.

Les canaux engendrent des richesses qui, non seulement amortissent les frais de leur construction, mais encore augmentent la fortune nationale.

CHAPITRE II

LA NAVIGATION PAR LES CANAUX

Ce qu'elle est, ce qu'elle doit être

Mahaut a quitté la Loire infidèle. Persuadé de la puissance génératrice de prospérité qu'offrent les canaux, il va donc leur consacrer tous ses efforts.

Il dresse en premier lieu un plan de construction et d'amélioration. Viendra en temps utile le plan d'action.

Principe de son œuvre : « Il nous faut un réseau de canaux comme il existe un réseau de chemins de fer ».

Or, quelle était la situation en 1875 ?

Si l'organisation de l'Est et du Nord-Est est suffisante, l'Ouest et le Sud-Ouest sont privés de toute communication par eau avec le Centre et au delà. Au cœur de la France, quelques canaux, les uns insuffisamment reliés, les autres à trop faible section.

De la diversité, comme de l'excentricité des moyens de communication par eau, ressort la nécessité de trajets démesurément longs et de nombreux transbordements. Ainsi, que devient un transport à faire de Marseille à Orléans ? Il subit cinq modes de navigation et quatre transbordements.

On demande un jour à Mahaut d'acheminer des bois de Roumanie à Paris. Dans l'impossibilité d'emprunter le chemin le plus court par Marseille, les marchandises devaient, chargées de Galatz, passer par Gibraltar et faire tout le tour de nos côtes pour atteindre Anvers et, de là, Paris ! C'est au demeurant le tracé de route de toutes les masses indivisibles de matériel, trop lourdes pour être acceptées par fer, que fabriquent les usines du Centre de la France sur commandes de la guerre et de la marine.

Conséquences générales : pertes de temps et d'argent qui nous font donner 350 millions à l'étranger chaque année ; conséquences directes : pertes de richesse, isolement de nos ports. Isolement de Nantes en particulier, Nantes, « le seul champion de la France commerciale sur le terrain des échanges avec le cœur de l'Europe », si j'en crois M. Libaudière, autrefois l'un des plus chauds partisans de la Loire navigable, rallié maintenant aux idées canalistes. Isolement de Marseille dotée en Méditerranée d'une situation analogue. Le canal du Midi qui rattache péniblement l'Océan à la Méditerranée, ne lui est même pas relié.

Nantes isolée, Marseille isolée, alors que Gênes prospère considérablement. Le Hàvre isolé par la concurrence victorieuse d'Anvers et de Hambourg ! De l'ouverture du canal de Panama dans lequel la France engloutit tant de millions, Hambourg, Anvers profiteront au préjudice de Nantes et Saint-Nazaire.

Constatations pénibles au cœur du patriote. Ecoutez ses plaintes :

« Je dis que les canaux et les ports de mer sont intimement liés ensemble.

» Les malades, ce sont nos ports de mer.

» C'est aussi leur sœur, la marine marchande.

» C'est à leur mère, La France, à leur administrer le remède, et le remède, c'est mon Canal des Deux-Mers, de Marseille à Nantes ».

Et, dans l'article intitulé « Les Combles », extrait du journal *La Navigation par les Canaux,* on lit : « Le port d'Anvers comblé de marchandises et de navires de toutes sortes. — Les ports de mer français comblés de tristesse ! ».

Tous nos ports demandent à être mis en communication par l'intérieur : Marseille, Bordeaux, La Rochelle, Nantes, Brest, Le Havre, Toulon, Dunkerque. A leur sort est lié celui de la marine marchande.

C'est ce que confirme la lettre de Mahaut à M. le Trocquer, ministre des Travaux publics (3 novembre 1921) : « Je n'ai jamais séparé notre navigation intérieure de notre marine marchande, qui se trouve beaucoup en détresse par ce fait que nous n'avons pas de canaux aboutissant à nos ports ; aussi, déjà, en 1903, toutes les flottes du monde étaient en croissance... et je pouvais constater... qu'au lieu d'être en augmentation comme les autres, la nôtre avait diminué de 10 % ».

Cette détresse et ces lacunes vont déterminer le plan de l'œuvre et de l'action de Mahaut, qui définit ainsi ses objectifs sur la couverture de son journal *La Navigation par les Canaux :*

1° Canal latéral à la Loire de Briare à Nantes et la Loire navigable ;

2° Canal des Deux-Mers de Marseille à Nantes, et de Nantes à Bordeaux ;

3° Achèvement de notre réseau de canaux ;

4° Nouvelles routes sur l'Orient et l'Europe Centrale ;

5° Utilisation des eaux des fleuves au point de vue de la navigation, de l'irrigation et des forces hydrauliques et électriques.

On peut les condenser avec plus de méthode en trois groupes :

I. — *Organisation du réseau de la navigation intérieure en France par les canaux.*

II. — *Rattachement du réseau français aux réseaux étrangers ;*

III. — *Utilisation des eaux des fleuves.*

Nous allons les envisager successivement.

CHAPITRE III

ORGANISATION DU RÉSEAU DE LA NAVIGATION INTÉRIEURE EN FRANCE PAR LES CANAUX

Plan général

Tout le système de l'organisation du réseau de la navigation intérieure en France, d'après Mahaut, repose sur l'établissement d'un canal central orienté de l'Est à l'Ouest, qui détache de puissants rameaux. Cette voie sera le canal latéral à la Loire depuis Roanne jusqu'à Nantes, dont le tronçon de Roanne à Briare déjà complètement équipé fonctionne normalement.

LÉGENDE

Voies navigables existantes : trait noir plein.
Voies navigables préconisées : trait noir pointillé.

Mahaut avait vu juste. Il développera lui-même par ailleurs les raisons de son choix, et nous entendrons des voix très autorisées déclarer le canal latéral indispensable au point de vue national et international.

Suivez sur la carte son développement ; vous verrez le long du canal les points de jonction du centre avec :

1° Marseille, en détachant le rameau de la Loire au Rhône, qui atteindra le canal latéral au Rhône prolongé par celui du Rhône à Marseille. (Premier canal des Deux-Mers de Mahaut, reliant Nantes à Marseille, et même à Toulon) ;

2° Genève, également par le canal de la Loire au Rhône, puis par celui de Lyon à Genève ;

3° Bâle — l'Europe Centrale et l'Orient — au moyen du canal stratégique atteignant à Port-Royal le canal de Bourgogne et, ensuite, Bâle et les au delà ;

4° Saint-Etienne, par circuit fermé en partant de Marseilles-les-Aubigny, suivant le tronçon de Berry jusqu'à Fonblisse (Sancoins), puis le canal Sancoins-Moulins prolongé, qui deviendrait le canal de l'Allier et de la Haute-Loire, et rejoindrait le canal de la Loire au Rhône ;

5° Bordeaux, depuis Marseilles-les-Aubigny par le canal de Berry, Montluçon et un rameau desservant Limoges et Périgueux, pour aboutir à Bordeaux. (Deuxième canal des Deux-Mers, selon Mahaut) ;

6° Bordeaux, depuis Tours, centre de ramifications, par un canal Tours-Limoges-Périgueux-Bordeaux, se confondant à Limoges avec celui cité auparavant ;

7° La Rochelle, depuis Tours, en empruntant le canal précédent de Tours à Limoges, et faisant un tronçon Limoges-Angoulême-La Rochelle ;

8° Caen, depuis Tours, par une branche qui baignerait Le Mans, Alençon, et pointerait jusqu'à Caen et la Manche (canal de Tours à Caen) ;

9° Brest, quand sera mis au gabarit le canal de Nantes au port de Brest, qui deviendra le Brest transatlantique.

En résumé, alors que, par le réseau du Nord et du Nord-Est à peu près organisé, les **ports** frontières de Belgique et plusieurs d'Allemagne sont atteints, on voit que le programme de Mahaut ne laisserait aucun de nos ports de mer sans liaison. Du même coup, toutes les régions industrielles seraient en communication entre elles aussi bien qu'avec l'extérieur. Du même coup, on passerait facilement d'une mer à l'autre. Du même coup encore, les produits étrangers, aussi bien que les nôtres et ceux de nos colonies, pénétreraient jusqu'au cœur et aux confins orientaux de l'Europe.

Plus particulièrement seraient enfin réalisées les trois grandes artères, objet des préoccupations de l'Apôtre :

Nantes-Marseille,
Marseille-Bordeaux,
Nantes-Bâle.

Mahaut pouvait écrire : « Tout se suit, tout se tient et s'enchaîne dans mon œuvre ».

Vaste et avantageux programme, parfaitement réalisable, à condition, comme l'avait dit M. Charles Roux, au dîner des Nautes, le 3 novembre 1899, comme l'a dit Mahaut bien souvent et au dîner des Nautes de juin 1926, qu'on ne perde pas son temps à bavarder, mais qu'on établisse un plan et qu'on « passe sérieusement à l'exécution ».

Celle-ci ne peut être envisagée qu'au moyen d'un certain nombre de travaux nouveaux et d'une organisation nouvelle.

Mahaut a dressé la liste suivante des travaux à exécuter :

1° Canal latéral à la Loire, de Briare à Nantes ;

2° Canal central stratégique reliant Nantes et Bâle par le canal de Bourgogne ;

3° Canal du Rhône à la Loire ;

4° Canal latéral au Rhône ;

5° Canal de Marseille au Rhône ;

6° Mise à grande section des trois branches du canal de Berry ;

7° Canal de la Loire à la Garonne, Montluçon à Libourne et Bordeaux ;

8° Canal de Moulins à Sancoins ;

9° Canal de Cette au Rhône ;

Fête du 1er Juin 1925 en l'honneur d'Auguste MAHAUT

LE CORTÈGE. — M. MAHAUT ET LES MEMBRES DU COMITÉ

(Photo Bel...)

10° Canal du Nord ;

11° Canal du Nord-Est ;

12° Canal de Lyon à Genève ;

13° Canal de Marseille à Toulon ;

14° Amélioration des voies navigables de Bretagne ;

15° Amélioration consécutive du canal du Nivernais et des rivières canalisées, le Loir, la Sarthe, la Mayenne.

Voie navigable transversale de Roanne à Nantes, clef de la navigation intérieure

Le canal latéral à la Loire, de Roanne à Nantes, forme donc la base du système de la navigation intérieure française, comme nous venons de le voir.

J'ai promis de donner les causes de ce choix. De puissantes raisons interviennent, tant de l'ordre géographique et économique, que de celui de la défense nationale.

De Mahaut : « La nécessité de la création d'une grande artère navigable dans le bassin de la Loire ne peut être mise en doute par personne. Nos côtes de l'Atlantique sont dépourvues de toute communication par eau avec Paris et le Centre de la France ; le canal de Bretagne s'arrête à Nantes ; les canaux qui sillonnent le Centre de la France se terminent par le Cher canalisé à Tours, et ne sont pas reliés à nos grands ports maritimes de l'Ouest et de la Bretagne ».

M. Libaudière, de son côté, avait mis en relief le rôle de la Loire, lors d'une séance du Conseil municipal de Nantes, en ces termes : « Il viendra un jour où l'on se rendra un compte exact du grand rôle que la configuration de la Loire lui réserve dans les destinées du commerce national ».

M. Chargueraud, directeur de la navigation au Ministère des Travaux publics, a déclaré, enfin, que le canal latéral revêtait, par son importance, l'intérêt d'une voie qui n'avait pas seulement un rôle local, mais national et international.

Voilà les arguments d'ordre géographique et économique, ceux-ci à peine indiqués ; d'autres s'imposent du point de vue de la défense nationale.

« Déjà, en 1860, M. l'ingénieur Collin signalait avec force la faute militaire très grave commise à laisser la basse Loire et les côtes de l'Ouest sans communication fluviale avec le reste de la France ».

Après cette citation, Mahaut de reprendre : « Les raisons d'ordre patriotique qu'invoquait, en 1860, M. Collin, en faveur du canal latéral, sont devenues plus puissantes que jamais ; tout le matériel de nos Compagnies de chemin de fer sera à peine suffisant pour opposer le nombre au nombre, et il sera impossible de distraire 6.000 vagons et 400 machines pour l'approvisionnement en charbon de nos escadres de l'Atlantique et de nos côtes de l'Ouest ». Le même argument devait être réédité par M. Schwob au Congrès national des Travaux publics en 1912.

En Mahaut, le marinier et le patriote se confondent pour rechercher et faire prévaloir les moyens pratiques et sûrs, donc les plus efficaces, pour équiper la voie d'eau centrale d'une si haute importance.

Or, quelles sont donc les solutions possibles ?

La Loire navigable et le canal latéral.

La première ? Mahaut l'a pratiquée douze ans, et Dieu sait ce qu'il en a souffert.

Le canal présente, au contraire, tous avantages sur le fleuve ; vingt-cinq années d'épreuve en sont la meilleure garantie.

Nous allons établir la comparaison. Celle-ci ne sera pas une simple redite de ce que j'ai déjà exposé au lecteur touchant les fleuves et les canaux. La voie navigable centrale, étant la base de tout le plan proposé, son importance justifie un tel développement.

Cette voie ne peut être la Loire navigable

L'étude détaillée de la Loire et de sa navigabilité s'impose d'abord.

Mahaut a parlé de la Loire affectueusement, et, partant, avec l'accent le plus poétique, en pleine connaissance de son caractère aimable et farouche, donc avec une absolue compétence.

Dans « L'idée de la Loire navigable », il consacre un chapitre à « La Loire chantée au point de vue de sa beauté, critiquée au point de vue de sa navigabilité ».

« Si la Loire est une femme, si la Loire est une reine... elle n'avait pas de secret pour moi.

» Du Furens jusqu'à l'Erdre,

» De Saint-Rambert à Saint-Nazaire,

» Je l'ai vue cascadeuse, folâtre à son origine et dans les rochers,

» Sableuse, bourdonnante, fougueuse et terrible dans ses crues au milieu ;

» Puissante, imposante avant de faire son salut à la mer ;

» Douce, rêveuse et plaintive lorsqu'elle se repose l'été.

» Je l'ai vue, admirée dans ses différentes toilettes, en robes bleue, jaune, noire, suivant l'état du temps et de la façon dont l'avaient habillée ses différentes soubrettes (ses affluents).

» Dormant dans les sables roux, réveillée de bonne heure par des tempêtes, sombre et perfide en temps de brouillards, ne connaissant plus ses fidèles, jetant ses meilleurs amis à travers les ponts et les digues, il fallait à ses adorateurs une forte dose d'attachement et d'habitude dans certains moments pour ne pas lui faire des adieux définitifs.

» J'aurais voulu ne dire que du bien, et ne parler que de la beauté de la Loire, mais il faut être juste avant tout ; je la connais trop, elle m'a fait trop de mal pour cacher ses défauts et ne pas les signaler à ceux qui tenteraient de me succéder.

» Laissons le côté poétique ».

Voici le revers de la médaille.

« La Loire navigable !... comme c'est joli à dire, mais comme c'est difficile à faire ! ».

Difficile, et pour quelles raisons donc ?

Parce qu'elle a des inconvénients qui lui sont particuliers, du moins dans leur intensité ; parce que les expériences faites ont prouvé qu'on ne pouvait utilement la régulariser ; parce que, successivement, ses partisans ont reculé leurs prétentions ; enfin, parce qu'à l'heure actuelle, la chose est jugée, ce que je développerai dans le chapitre spécial des résultats de la campagne canaliste.

Des inconvénients qui lui sont propres, Mahaut relève : Les basses eaux, ce qui est inévitable pour un fleuve dont le débit est aussi variable, de 10 à 25.000 mètres cubes au point moyen de son cours ; les grandes eaux et les inondations qui en résultent ; les tempêtes, celles-ci dans la partie la plus rapprochée de la mer, Mahaut en a cité l'exemple ; les brouillards fréquents et opaques sur un fleuve au lit très développé ; les glaces avec les débâcles qui se produisent plus terribles sur son cours rapide, et dont un trait spécial au port de Nantes est relaté dans une des brochures publiées par Mahaut ; les accidents de toutes sortes. Et, pour s'en faire une idée, il faut savourer les histoires piquantes de l'ancienne navigation qui émaillent l'œuvre écrite de l'Apôtre, qui lui sont personnelles ou qui advinrent à ces mariniers bons enfants et originaux François Béloche et Chevaleau, comme à lui-même, et à tous les bateliers de Loire. J'ai essayé seulement d'en esquisser quelques traits dans la première partie.

Un inconvénient spécial à notre fleuve réside dans ce fait que, alors même qu'il présenterait la sécurité d'une voie pratique, commode et économique en soi, il ne peut être mis au même étiage que ses affluents canalisés et que le tronçon actuel du canal latéral qui le prolonge. Il en résulterait des ruptures de charge longues et onéreuses. C'est ainsi qu'on ne peut lui donner une profondeur supérieure à 1 m. 20, tandis qu'on obtient dans la Maine et la Mayenne 1 m. 50, et dans le tronçon du canal latéral à la Loire en service 2 m. 20.

Les expériences faites pour l'amélioration de la Loire sont des plus concluantes.

M. l'ingénieur Conermes, appelé le premier à essayer la régularisation, s'y employa inutilement. Sa compétence et tous ses efforts se brisèrent contre l'impossibilité matérielle. Il abandonna la partie.

Nous n'aurons, d'ailleurs, qu'à sérier et examiner avec l'Apôtre les résultats obtenus selon les méthodes de régularisation possibles ou essayées. L'impossibilité d'un aménagement pratique apparaît d'elle-même.

Voulez-vous entendre Mahaut à ce sujet ? Je lis :

« Je passe maintenant à la façon dont on peut songer à rendre la Loire navigable d'Orléans à Nantes.

» Trois moyens peuvent se présenter à l'esprit :

» 1º Faire des digues sans barrages ;
» 2º Faire des barrages sans digues ;
» 3º Faire des digues et des barrages.
» Il importe de les étudier.

» a) *Faire des digues sans barrages*

» Le moyen fut inopérant, parfois nuisible, par suite de la retenue des sables qui envahirent le chenal réservé au passage. Témoins : la traversée de la Loire à Fourchambault, celle de Châtillon-sur-Loire pour passer du canal de Briare au canal latéral à la Loire. Autre exemple : on n'a jamais pu rendre la Loire navigable sur les 6 kilomètres qui séparent Combleux de la ville d'Orléans ; il a fallu se décider à relier ces deux points par un canal.

» En somme, dans les cas précédents, la Loire n'a pu être tenue en état de navigation sur 1, 2 et 6 kilomètres. Que pourrait-on faire sur 1.000 kilomètres ?

» b) *Faire des barrages sans digues*

» Quelles difficultés avec la Loire dont les colères démoliraient les barrages en cours de construction ! Combien de temps dureraient les travaux !

» Supposons-les établis, « personne n'empêchera que les
» sables du haut ne soient pas roulés impétueusement entre
» les barrages... et ces sables constitueront les hauts-fonds
» et en zig-zag, tantôt derrière le premier barrage, tantôt à

» l'amont du second, et peut-être sur un ou plusieurs bar-
» rages eux-mêmes ; et alors que faire ? Draguer !! mais
» les sables représenteront le tonneau des Danaïdes, autant
» on en ôterait, autant il en reviendrait ».

» Maintenant, et les bateaux ? Que deviendront-ils après
le bouleversement du lit ? Ils se trouveront prisonniers au
rabais, entre les grèves et les jars, entre deux hauts-fonds
tendres ou durs, pour parler moins marinier... Oh ! vous
n'avez pas vu cela, ami lecteur, mais moi je l'ai vu...

» c) Faire des barrages et des digues

» Ce troisième moyen représenterait la « Loire cana-
lisée » entre des digues.

» Qu'adviendrait-il ? Augmentation du courant et, « plus
» on voudra resserrer la Loire, plus elle sera terrible ; elle
» crèvera les digues qui lui serviront de corset, et elle fera
» des trous dans certaines parties de la campagne que l'on
» pourrait croire à l'abri de son impétuosité ».
Autres considérations : chenal envahi régulièrement par
les sables d'autant que le fleuve est plus large en son milieu
qu'à ses extrémités ; impossibilité de naviguer pendant
quatre à cinq mois, par suite du manque d'eau constaté, le
débit étant extrêmement variable : 7 à 7.000 mètres cubes.
Ce dernier inconvénient fait écrire à Mahaut : « Ce thermo-
mètre n'indique-t-il pas qu'en plus de tout ce que j'ai dit la
Loire navigable tombe dans le domaine du rêve ». Au reste,
la nécessité de dragages continuels s'imposerait à la batellerie.

« La Loire navigable, écrivait l'ingénieur Kauffmann,
exige l'usage permanent des dragues et des remorqueurs ».

En 1860 déjà, les conducteurs des Ponts et Chaussées du
Centre, dont j'ai les lettres sous les yeux, interrogés sur les
chances de la navigabilité du fleuve, concluaient à la
négative.

A toutes ces preuves patentes, une autre plus forte et plus
immédiate devait être donnée par l'épreuve qui fut faite au
cours de la lutte des canalistes contre les partisans de la

Loire navigable. Certes, elle n'aime pas la servitude, cette belle Loire. Quel esprit d'indépendance ! Je relaterai les phases successives de la guerre qu'elle déchaîna, guerre fertile en événements fameux. Qu'il me suffise de toucher deux mots de l'essai officiel de navigabilité infructueusement tenté depuis 1904.

Le Parlement avait estimé 14 millions nécessaires pour améliorer le cours du fleuve d'Angers à Nantes. Sur cette somme, une tranche de 1.800.000 francs devait être attribuée aux travaux d'épreuve entre Chalonnes et l'embouchure de la Maine, sur 14 kilomètres.

En dépit de multiples et autorisées protestations, les opérations sont conduites d'après les méthodes et sous la surveillance du service des Ponts et Chaussées. Vains efforts. Argent jeté à l'eau. Des épis implantés pour établir un chenal, la première crue emporta les uns, ébranla les autres ; les campagnes furent inondées ; les riverains réclamèrent ; les Conseils généraux protestèrent ; piteux furent les résultats au point de vue de la navigation.

Et après les premiers essais, le *Yachting Gazette* appréciait : « La navigation est devenue fort dangereuse pour qui ne connaît pas ces parages. En effet, l'eau recouvre les épis de 30 à 40 centimètres... les bateaux courent les plus grands dangers d'aller se défoncer sur les pieux... Les craintes des mariniers commencent à se réaliser. Lorsqu'on abandonnera, ou qu'on n'entretiendra pas les travaux, le lit du fleuve deviendra impraticable ; il eût mieux valu alors envisager de suite les possibilités du canal latéral d'un rendement plus sûr, plutôt que d'avoir dépensé pour faire plus mal qu'avant plusieurs centaines de mille francs ».

Il ne demeura que cette constatation d'acquise, et qui parut à l'*Officiel* du 29 juillet 1909 : « Ces travaux, s'ils n'ont donné que de faibles résultats au point de vue commercial, ont bien réussi au point de vue technique ».

Belle fiche de consolation, ou plutôt amère dérision !

Et les travaux sont entretenus, à l'heure actuelle, par suite des mêmes errements. Par suite aussi des mêmes causes, et malgré le rapport satisfait du service des Ponts et Chaussées pour 1925, il demeure constant que, sur un certain parcours, on a peine à conserver un mouillage de 80 centimètres au lieu de 1 m. 20. — Il a été nécessaire d'acheter une drague puissante, du coût de 700.000 francs, et, malgré tout, le trafic reste bien inférieur à celui d'avant-guerre. Voilà les fruits d'une incompréhensible et dispendieuse obstination !

Mais une autre preuve, et combien éloquente, de la non navigabilité de la Loire, n'est-elle pas la création d'un canal de Nantes jusqu'à l'Océan ? Quoi ! la seule solution pratique dans la partie la moins déclive, la plus large, la moins influencée par le courant et les sables, fut le canal ; pourquoi ne le point faire alors là où se trouvent accumulés les plus grands obstacles à son équipement et à une utilisation pratique ?

C'est tout dire.

Les partisans de la Loire navigable ont implicitement avoué l'inanité de leur thèse, par le recul de leurs prétentions et de leurs projets. Au début de la querelle, ils rêvaient de la régularisation depuis Orléans ; successivement, ils durent abandonner le projet de l'aménagement depuis Tours, pour en fixer le commencement à l'embouchure de la Vienne, lors du Congrès de Tours (1913).

Tels sont les faits.

A ceux qui ne sont pas convaincus, Mahaut conseille la lecture des quatre brochures suivantes :

1° *Etude d'une voie navigable entre Orléans et Combleux* (embouchure du canal d'Orléans), par M. E. PERGELINE ;

2° *Suite de l'étude d'une voie navigable entre Orléans et Combleux*, du même auteur ;

3° *L'Idée de la Loire navigable*, par A. MAHAUT ;

4° *La lumière faite sur l'équivoque de la Loire navigable*, par le même.

« Ces quatre brochures formeront le jugement de tout homme n'ayant pas à l'avance de parti-pris, en face de l'idée de la Loire navigable, car elles ont été rédigées sans passion, avec la plus grande sincérité, dans un but d'intérêt général, et pour démontrer aux capitaux le gouffre où ils voudraient s'empiler ».

Cependant, objecterez-vous, la Loire fut autrefois navigable : un service de vapeurs y fonctionna pendant plusieurs années. Et encore, en Allemagne, sont avantageusement utilisés l'Elbe et l'Oder ; M. Lafitte a dressé un très intéressant rapport sur ce sujet. Oui, certes, mais le service des vapeurs ligériens dut disparaître ; et, dans son rapport, M. Lafitte n'ose pas conclure en faveur des fleuves allemands.

Chaque cours d'eau a sa physionomie propre. L'Elbe et la Loire sont à peu près de même longueur ; la différence sensible est dans le profil. On repère l'altitude de 100 mètres pour l'Elbe à 662 kilomètres de la mer, pour la Loire à 398. Différence énorme de la pente, donc de la rapidité ! Et encore, tandis que, dit Mahaut, « l'Elbe coule en général sur un terrain d'alluvion stable et assez solide ; crues peu fréquentes, inondations assez rares » ; c'est le contraire pour la Loire. Donc, « si, dans sa partie navigable, le fleuve (l'Elbe) a un lit, il diffère sensiblement de la Loire, car elle n'en a pas de lit ; ou, si elle en a un, il faut le chercher en tout temps, attendu que c'est un lit à roulettes qui roule à travers les sables roux presque continuellement, de la mer à la galarne ».

La profondeur de l'Elbe est réglée à 90 centimètres. De cinquante ans d'efforts, de millions dépensés, il n'est résulté que 30 centimètres d'approfondissement.

Quant à l'Oder, faisons appel au témoignage allemand de la revue *Verbandschrift :* « L'Oder est encore un fleuve des plus irréguliers, en dépit du traitement orthopédique qu'il a subi, et dont l'effet principal était de parer à ses crises : de Cassel à Ratibor, la navigabilité a été compromise et même perdue du fait de la régularisation ».

Une considération d'ordre particulier intervient, du reste, pour les fleuves allemands. L'Elbe et l'Oder ont un cheminement parallèle, et sont reliés par des eaux formant un ensemble d'une profondeur très faible, et qui n'a rien d'analogue à l'équipement de notre navigation française.

Cette voie sera le Canal latéral à la Loire

« La Loire navigable est morte, vive le canal latéral ! La mort de l'un des moyens doit provoquer la naissance de l'autre ». Transition, et exergue de ce chapitre.

« Le canal latéral de Briare à Nantes, avait écrit Mahaut, est la clef.... de la navigation intérieure française ».

La conception de cette voie n'est pas neuve ; une partie de l'ouvrage est actuellement réalisée de Roanne à Briare, sur 250 kilomètres, et donne toute satisfaction.

En 1787, pour la première fois, le canal latéral à la Loire fut demandé par Lavoisier. — L'idée n'en est adoptée qu'en 1822. Voici son histoire pittoresquement rapportée dans l'œuvre écrite de Mahaut : « Je suis né dans l'esprit des pouvoirs publics, en vertu d'une loi datant du 14 août 1822. Ma construction a été commencée vers 1828. J'ai marché tout seul depuis Digoin jusqu'en amont du pont du Guétin, en 1837, et au mois de juillet de l'année suivante pour ma partie inférieure.

» Les dépenses de construction de ma ligne principale, c'est-à-dire sans compter les embranchements, se sont élevées à 32.600.000 francs pour 197 kilomètres, soit 165.497 francs par kilomètre ».

Depuis, d'importantes améliorations furent préparées et exécutées, les plus intéressantes d'après les études, et sous la conduite de M. Mazoyer, ingénieur en chef des Ponts et Chaussées, à Nevers, plus tard inspecteur général. Le fond du canal fut abaissé pour obtenir 2 m. 20 ; le passage de la Loire à Briare, assuré jadis par un touage, l'est au moyen d'un pont canal à cuvelage métallique, ouvrage d'art superbe.

Le tronçon de Briare à Nantes, qui reste à exécuter, avait été sérieusement envisagé dès 1835, et voté en 1836. — Dans une conférence, dont Mahaut a donné l'analyse, le docteur Papillon rappela que la concession en fut donnée pour 40 millions en 1836, puis annulée faute d'avoir trouvé les fonds. De 1864 à 1869, ainsi qu'en témoignent les comptes rendus de la Chambre des députés, le canal a été souvent mis en cause. La proposition d'une voie avec 7 traversées de la Loire, et de l'ordre de 80 millions, date de cette époque. 1879 la voit renouvelée, 1905 transformée avec 5 traversées seulement, et pour la somme de 119 millions. En juillet 1909, nouveau projet, 3 traversées seulement, mais augmentation du prix de revient de 15 %. Ces projets étaient d'origine officielle.

Entre temps, M. Pergeline, de Nantes, présentait une proposition (1855). M. Papillon fut l'auteur d'une autre, qui réduisait la longueur à 307 kilomètres, supprimait les traversées, réduisait le nombre des écluses (1910).

On peut s'étonner que de tels précédents aient pu laisser place au mirage de la régularisation de la Loire, soutenu par un Comité puissant et puissamment organisé !

Mahaut, malgré sa compétence en matière de navigation, ne choisit et ne détermine aucune solution technique. Modeste et réservé quand il le faut, il laisse aux ingénieurs le soin de choisir le tracé, et de rechercher le profil qui sont les plus avantageux, tant au point de vue de l'utilisation qu'à celui de la dépense.

Son intervention ne s'exerce en la matière que sur le point suivant : des objections sont présentées au sujet de la multiplicité des écluses. Il répond que des moyens de compenser les niveaux même très différents sont en usage ; nous le verrons plus loin.

Considérons, en terminant, un des côtés intéressants de la question. Le canal latéral à la Loire étant indiqué, par tous les hommes compétents, comme la base de notre navigation intérieure et le moyen de son expansion à l'extérieur, et comme l'amorce de la pénétration en Europe Centrale et jusqu'à l'Orient, quelle pourra être l'importance de son trafic ? Ne vous effrayez pas du chiffre, peut-être inférieur à la réalité : 5 millions de tonnes après l'ouverture du Canal de Panama. Le port de Nantes en profitera naturellement le plus. Lisez plutôt l'appréciation de l'économiste anglais Golden lors d'un de ses passages à Nantes :

« Le port de Nantes, relié à la mer par un canal maritime, et aux réseaux français par un canal latéral de Nantes à Combleux, deviendrait le Liverpool français ».

Et Mahaut mettait les Nantais en garde contre leur apathie et leur indifférence à défendre leurs intérêts. Il les prévenait contre ce qu'il appelait « l'épée de Damoclès » menaçant leur tête, en l'espèce l'avis du ministre Barthou : « La voie de pénétration du trafic national et international dans l'Europe Centrale devrait être par Le Havre, Rouen et Briare ».

L'Apôtre pouvait bien appeler à son aide les quatre docteurs les plus célèbres à sa connaissance : MM. La Raison, Le Bon Sens, La Logique, Le Progrès », et ajouter : « Plus tard, ce canal, si peu compris aujourd'hui par Nantes, foyer de la maladie de « La Loire navigable », sera adoré par ces mêmes Nantais, dix ans et même moins après son achèvement ».

CHAPITRE IV

LES VOIES D'EAU A CONSTRUIRE OU A AMÉLIORER POUR L'ORGANISATION COMPLÈTE DE LA NAVIGATION INTÉRIEURE

Canal central stratégique reliant, à Port-Royal,
le Canal latéral au Canal de Bourgogne

« Avez-vous une bonne carte de notre navigation intérieure ? interroge Mahaut. Vous y verrez comme il serait simple, naturel et avantageux de construire un canal s'embouchant à Briare dans le canal latéral à la Loire, passant par Clamecy, et allant communiquer à Port-Royal avec le canal de Bourgogne, dont la route nous conduit tout directement à Saint-Jean-de-Losne, Dôle, Besançon, Mulhouse, Huningue et le Rhin ». Ce canal devrait passer le plus près possible de Dijon, ce qui le fait parfois appeler par Mahaut : « Canal de Briare à Dijon ».

Le projet de cette voie émane de M. du Pré de Saint-Maur,

qui l'avait conçu dans le but principal de fournir aux exploitations forestières du Morvan et de la Puisaye l'écoulement de leurs bois, et de permettre à une foule d'industries françaises l'accès à l'Europe Centrale.

Du point de vue général, par cette voie seraient desservies nos frontières en temps de guerre. Elle aiderait au transport du matériel lourd, des munitions, du ravitaillement. L'exemple des récentes hostilités a prouvé aussi l'avantage des voies d'eau pour l'évacuation sanitaire ; j'ajoute cette considération à celles qu'a formulées Mahaut.

Canal du Rhône à la Loire, Lyon ou Givors à Roanne

En janvier 1879, saisi des doléances de M. Glachant, gérant de la Société de Commentry-Fourchambault, et de M. Julien, directeur de Terrenoire, Mahaut écrit : « Ah ! si un canal traversait le bassin de la Loire, passant par Saint-Etienne, Saint-Chamond, Rive-de-Gier, mettait Roanne en communication directe avec Givors, nos usines, nos mines, s'en ressentiraient bien avantageusement ».

Le 28 février 1879, la Commission départementale de la Loire émet le vœu : « Que le projet de classement des voies navigables présenté par le Ministre des Travaux publics comprenne un canal de navigation entre Roanne et Givors, desservant la plaine du Forez et les autres centres industriels de Saint-Etienne, Saint-Chamond, Rive-de-Gier ».

A leur tour, les sous-commissions des bassins du Rhône et de la Loire au Parlement admettent les conclusions de M. le Sénateur de la Loire, chargé du rapport la même année. « Le rapporteur expose qu'un canal de Givors à Roanne pourrait seul opérer cette jonction qui intéresse, au point de vue général, une abréviation de 100 kilomètres sur le projet actuel par eau de Marseille à Paris ».

La dépense serait de 67 millions.

De son côté, la petite marine qui se meurt en appelle aux Pouvoirs publics. Les chemins de fer l'étouffent par leurs tarifs de circonstance. Elle est cependant bien utile, puisqu'alors que, par rail, le chemin de fer transporte le charbon de Saint-Etienne à Paris au tarif de 14 francs la tonne, par eau le prix serait de 6 francs.

Le projet du canal du Rhône à la Loire suppose le rattachement à Givors sur le Rhône. En cas de construction du canal latéral au Rhône, ce serait aux environs immédiats de Lyon que devrait plutôt être situé le point de jonction.

Au reste, ce canal, embranché au canal latéral à la Loire, ne rendrait son plein effet que relié à un canal latéral au Rhône.

Nous allons le voir de suite.

Canal latéral au Rhône

Au même titre que la Loire et tous les fleuves en général, le Rhône servit depuis toujours de moyen de transport. Et, comme la Loire et les autres, on pensa l'améliorer pour cet usage.

Impossible, déclare Mahaut dans un rapport à la Chambre de commerce de Roanne qui date de 1876. La Loire et le Rhône sont deux fleuves aussi intraitables ; il faut faire un canal latéral. De leur côté, « un canal, disent les protagonistes de la régularisation, mais il coûterait 300 millions ». Et on leur donne gain de cause à tel point que M. Reymond est seul au Sénat à soutenir la thèse canaliste.

Coût de cette préférence: 50 millions jetés à l'eau, ainsi que le proclamait Félix Faure, dont j'ai rapporté le propos.

Résultat : transport annuel restreint à 260.000 tonnes, cinq fois moins que le canal de Berry !

Depuis si longtemps, et si souvent cependant, avait été réclamé un canal latéral !

En 1822 M. Cavenne, en 1873 M. Krantz, en 1877 M. Dumont, en 1881 M. Chambrelent, en 1886 MM. Pavin de Lafarge et Duparchy, en 1897 MM. Duparchy, Claret et Dolfus présentaient des projets. Un des plus récents, de l'ordre de 170 millions, a été proposé par M. Denèfle.

C'est celui qu'adoptait Mahaut, avant de connaître le système de M. Chambaud de la Bruyère, qui supprime quantité d'écluses.

Ce canal, mais il a fait l'objet de nombreuses réclamations par les corps les plus autorisés, telles 27 Chambres de commerce et la Commission interdépartementale du Rhône.

J'ai dû faire allusion aux difficultés de régulariser le fleuve, à celles de la navigation, aux dégâts causés par les travaux. Tout cela a été dit et répété par Mahaut, qui a cristallisé son opinion par une comparaison de grande allure :

« Le Rhône est un colosse aux pieds d'argile.

» Le canal de Lyon à Marseille serait un colosse aux pieds d'airain ».

Disons mieux. Marseille est à la pénétration intérieure depuis la Méditerranée ce que Nantes est à l'Océan. Le canal latéral au Rhône doit jouer un rôle analogue au latéral à la Loire.

Canal de Marseille au Rhône

En principe, on comprend le canal latéral au Rhône de Lyon à Arles ; il faut le prolonger jusqu'à Marseille, sous peine de perdre une partie de ses avantages. C'est fait. On a percé le mont Rove. Deux tracés avaient été envisagés : Arles à Marseille, 50 kilomètres, ou Arles à Bouc par le canal actuel, 47 kilomètres, avec prolongement de Bouc à Marseille, 30 kilomètres.

On a choisi la seconde solution.

Arrêtons-nous un instant, et suivons la voie formée par les canaux précités. Marseille est reliée à Nantes, l'ensemble forme le canal des Deux-Mers par l'accouplement des cinq tronçons :

1° Marseille à Arles, continuant le latéral au Rhône ;

2° Arles à Lyon, au moyen du latéral au Rhône ;

3° Lyon ou Givors à Roanne, reliement du canal latéral au Rhône au canal latéral à la Loire ;

4° Roanne à Briare, au fil du canal latéral à la Loire existant actuellement ;

5° Briare à Nantes, par le canal à construire.

Quelle source de profits en perspective ! Quelle sécurité ! Quels avantages à escompter pour nos ports !

Et grâce à qui ? à Mahaut, l'Apôtre des canaux.

Les trois branches du Canal du Berry
équipées à grande section

Le premier canal des Deux-Mers constitué, qui assurera les communications entre le Sud-Est et l'Ouest, Nantes et Marseille, que deviendront les autres ports s'ils demeurent isolés ? Or, tous ceux de l'Ouest situés au-dessous de la ligne du canal latéral à la Loire, et les régions du Centre placées de même façon, ne peuvent être reliés à ce canal et au système général, qu'à la suite de la mise à grande section du Canal de Berry.

Celui-ci se compose de trois branches :

1° De Fonblisse-Sancoins à Montluçon, 70 kilomètres ;
2°   —   à Nevers, 142 kilomètres ;
3°   —   à Marseilles-les-Aubigny.

Le gabarit de la portion faite du canal latéral à la Loire admet les péniches de 38 m. 50 de longueur, avec charge de 300 tonnes, tandis que le canal de Berry ne peut recevoir des bateaux portant plus de 65 tonnes.

Comment faire entrer dans le plan général le petit canal de Berry, si ce n'est en le portant aux dimensions de ceux qu'il doit relier ou prolonger ?

Tous les jours, Mahaut est le témoin attristé de son infériorité. Il a consacré toute une brochure à ce sujet, aussi véridique que poignant : *Le Canal de Berry en danger de mort.* Danger de mort par suite de son abandon à cause de son faible pouvoir de portage ; danger de mort pour la petite batellerie ; dangers de mort ou de très grave affaiblissement, qui menacent aussi les industries qu'il dessert.

Ajoutez à cela qu'à ses points d'attache au latéral, il faut rompre charge et ramener les cargaisons de 300 à 65, et parfois 30 tonnes ! Employer 5 ou 10 bateaux pour un, selon le cas !

Fête du 1er Juin 1925 en l'honneur d'Auguste MAHAUT

LA FOULE DEVANT LE CHATEAU, PENDANT LA CÉRÉMONIE

Ajoutez que le trafic par eau de Marseille à Montluçon exige quatre modes de transports et trois transbordements !

Cela parut de longtemps si extraordinaire que des mesures ont été envisagées, mais non réalisées.

C'est la loi des 5 et 6 août 1879 qui classe les travaux du canal de Berry tout entier en première urgence. C'est le Conseil supérieur des Ponts et Chaussées, dont l'avis formel est la mise à grande section adoptée par décret d'utilité publique le 30 juin 1882. Par ailleurs, des réunions à la Chambre de commerce de Montluçon, à celles de Paris et de Bourges, au Ministère des Travaux publics, des démarches auprès du Ministre, dans lesquelles l'Apôtre des canaux joue un rôle prépondérant, réclament cette mesure.

Inutiles furent tant d'efforts, tant de brillants plaidoyers.

Un décret de 1903 sur le classement des voies à améliorer ignore le canal de Berry. Mais la nécessité de l'y comprendre devient si évidente que le Conseil supérieur des Ponts et Chaussées l'admet en 1908. La dépense est estimée à 33 millions, dont 20 % à la charge des intéressés, qui ne peuvent y faire face.

Autant aurait-il valu tout refuser.

Si on revient sur ce sujet dans des conditions acceptables, il faudra prolonger la deuxième branche jusqu'à Tours. Elle aboutit en ce moment à Noyers-sur-Cher. On prétend faire servir ainsi le cours du Cher avec tous ses inconvénients, qui font qu'en réalité il n'est pas utilisé.

L'alimentation du canal devra être envisagée aussi. Les étangs et les pompes de Mornay, qui le fournissent d'eau, sont insuffisants, et il est résulté, de ce fait, des chômages onéreux en 1894, 95 et 96. Un barrage sur le Cher, en amont de Montluçon, un canal établi de Moulins à Fonblisse, pourront seuls assurer le ravitaillement en eau.

Mais il a fallu reprendre la question. M. Le Trocquer, alors ministre des Travaux publics, a décidé, en 1921, le Conseil des Ministres à présenter à M. le Président de la

République le projet de mise au gabarit normal du canal de Berry.

Dans combien d'années le travail sera-t-il exécuté ?

Qu'on presse au moins la réalisation de Montluçon à Marseilles-les-Aubigny, en faveur de nos grandes usines métallurgiques du Centre.

Canal de la Loire à la Garonne
de Montluçon à Libourne et Bordeaux

Mahaut expose que l'idée de cette voie est « née à Limoges, place des Bancs, en 1840 », à la réunion du Comité de canalisation du Centre.

Depuis, M. Delboy, conseiller général de la Gironde, établit le projet de jonction entre la Loire et la Gironde par un canal (1876). Mahaut le porta devant l' « Association pour améliorer et développer les moyens de transports ». On le trouve inscrit dans le plan Freycinet (loi des 5 et 6 août 1879), sous la dénomination de « Jonction du bassin de la Loire au bassin de la Garonne ». Rappel de M. Beynard, juge au Tribunal de commerce de Montluçon, en 1882, et vigoureuses poussées de Mahaut dans les Congrès de Reims et de Bordeaux, pour tomber dans l'oubli du projet d'ensemble de 1903.

La construction de cette voie qui, partant de Montluçon, passant par Limoges et Périgueux, atteindrait Libourne et Bordeaux, formerait un tronçon du deuxième canal des Deux-Mers : Marseille-Bordeaux.

Un bras détaché de Limoges pourrait baigner Angoulême et rejoindre La Rochelle. De cette façon, Bordeaux et La Rochelle, les deux grands ports du Sud-Ouest, seraient reliés au réseau général.

Notez que différents tracés furent envisagés, cités par Mahaut sans en déterminer le choix :

1° Montluçon - Bordeaux ; 2° Saint - Amand - Montrond-Bordeaux ; 3° Candes-Bordeaux.

Canal de Moulins à Sancoins

J'ai dit que l'alimentation du canal de Berry dépendait d'une prise d'eau dans l'Allier, à Moulins. La nécessité en était apparue dès 1850. On envisageait une rigole de Moulins à Fonblisse--Sancoins. Pourquoi une simple rigole, alors qu'il serait facile et fructueux d'établir une vraie rigole navigable ?

C'est ce que Mahaut demandait en 1876,

C'est ce que le sénateur Reymond fit voter en 1877 et en 1883,

C'est ce que le projet Baudin prévoyait en 1902,

C'est aussi ce qu'oublia le projet des Ponts et Chaussées en 1903.

Cependant, on obtiendrait là un important facteur de trafic de et pour Moulins et en deçà. Et même, par un prolongement judicieux, Gannat, Riom, Clermont, auraient été mis en relations avec le réseau de la navigation intérieure. Ce canal serait devenu « le canal de l'Allier et de la Haute-Loire » poussé jusqu'à Saint-Etienne.

De l'ordre de 14 millions au moment de l'estimation de Mahaut, la ville et la Chambre de commerce de Moulins avaient réuni, avant-guerre, 2.500.000 francs.

Canal de Cette au Rhône

Le canal du Midi aboutit à Cette ; la continuation de cet ouvrage jusqu'à Bouc permettrait de relier Cette à Marseille, et au réseau général. Ce serait encore un port vivifié par la réalisation du programme de Mahaut.

Canal du Nord-Est

Le port de Dunkerque demanderait à être rattaché par eau à la riche région minière de la Meurthe-et-Moselle. Un canal serait une source de profits pour Briey, de même que pour les grandes usines métallurgiques de cette région.

Canal de Lyon à Genève

Frappé de l'affaiblissement du trafic au port de Marseille, un ingénieur proposait à Mahaut, qui s'empressa de l'adopter et de le recommander, un canal de Lyon à Genève. Le trafic de l'Europe centrale se serait ainsi déversé par Genève et Lyon jusqu'à Marseille.

« Le canal de Lyon à Marseille achevé, écrivait l'auteur, il faut donc le relier au lac de Genève », et il préconise, partant de Genève, le cheminement par la montagne de la Vuache, le ravin des Usses pour rejoindre le Rhône.

De là deux tracés :

1° Le lac du Bourget, Chambéry, la vallée de l'Isère par Grenoble ;

2° Longer le Rhône jusqu'à Saint-Genix et rejoindre Lyon par la plaine de Catalan.

Mahaut a appelé le canal de Lyon à Genève et prolongement : le deuxième canal du Rhône au Rhin.

Canal de Marseille à Toulon

Marseille, point de départ méridional d'une des grandes voies du système de la navigation, devrait être utilement en communication intérieure avec Toulon, port de guerre. La distance est infime, les résultats pourraient être intéressants.

Amélioration des voies navigables de Bretagne, et, par extension, de tout le Nord-Ouest

Canal de Nantes à Brest

Parmi les ports qu'il serait utile de souder au réseau intérieur, je cite Brest. On en ferait, par la sûreté de sa rade, un excellent port de commerce. L'amiral de Cuverville l'a exposé et démontré. Au reste, depuis ce temps, et à la suite de la guerre, les Américains l'ont reconnu en faisant de Brest une tête de ligne de leurs Compagnies maritimes. Ils

ont réalisé le « Brest Transatlantique » entrevu par Mahaut
et M. de Cuverville. Toutefois, ce port verrait encore son
trafic s'accroître, si le canal de Nantes à Brest à petite
section était transformé. L'intérieur de la Bretagne en res-
sentirait les avantages immédiats.

Canal de Tours à Caen

Un canal de Caen au Mans avait été l'objet des propositions de M. Lemaître, de la Chambre de commerce d'Alençon. On peut plus opportunément, au dire de Mahaut, songer
à établir la voie d'eau depuis Tours, avec passage à Alençon,
Argentan et Caen, et au delà, jusqu'à la mer.

Amélioration des canaux du Centre
et des rivières canalisées

Canal du Nivernais

Parallèle à une partie du canal latéral à la Loire sur un
parcours Nord-Sud, le canal du Nivernais, débouché d'une
contrée riche en houille, en produits sylvicoles et agricoles,
doit être amélioré et mis au gabarit normal.

Le Conseil supérieur des Ponts et Chaussées n'a admis la
rectification qu'aux extrémités. Celle-ci n'a été réalisée que
sur le versant de l'Yonne (décret du 15 septembre 1893).
Pour adapter la partie débouchant à Decize, il faut attendre
la reconstruction du barrage en Loire. D'autre part, l'altitude à la ligne de partage des eaux étant de 261 m. 50, il
faudrait faire des travaux dispendieux. On a cependant
commencé, mais l'Etat réclame, pour le programme d'ensemble, la participation des intéressés, qui ne peuvent rien
de suffisant.

C'est déjà beaucoup que le projet établi, accepté en entier
en 1921, commence à entrer en réalisation. Mahaut y a fortement poussé.

Canal de Briare

Essentiel pour le canal latéral dont il deviendra un tronçon, celui de Briare doit être amélioré quant à l'alimentation, la mise au gabarit ayant été effectuée.

Il est le premier en date de nos canaux, fut commencé sous Henri IV, à l'instigation de Sully appelé « le père des canaux ». On le termina en 1642, et l'Etat en reprit la concession en 1866.

Canal du Loing

Nous abordons ici le second canal construit en France, qui fut concédé au duc d'Orléans en 1719 et achevé cinq ans après, repris par l'Etat en 1866. Ce tronçon qui relie le canal de Briare avec la Seine, Paris, Le Havre, doit avoir son alimentation assurée, afin de réaliser cette unité qui seule peut, par la continuité des transports, donner à notre système de navigation intérieure la faculté d'un plein rendement.

Canal de la Sauldre

Mahaut a fait entendre sa voix en faveur de ce petit ouvrage latéral à la Sauldre, et qui est isolé de ses frères. Pourquoi ne pas le relier au latéral à la Loire, soit à Briare, soit à Saint-Satur d'un côté, et, à l'autre extrémité, soit à Menetou, soit à Selles-sur-Cher ?

Ce canal rentrerait dans le réseau général.

CHAPITRE V

RATTACHEMENT DU RÉSEAU NAVIGABLE FRANÇAIS AUX RÉSEAUX ÉTRANGERS

Mahaut a étendu les bras de la navigation française jusqu'aux frontières ; il ne pouvait manquer de l'inviter à donner la main aux réseaux étrangers. Pour le Nord et le Nord-Est, c'était chose faite. Son programme lui permettait d'accroître ses prétentions par ailleurs.

Canal de Nantes à Bâle

Le canal stratégique de Briare à Port-Royal construit, reliant le canal latéral à la Loire à celui de Bourgogne, et au canal du Rhône au Rhin ; ce dernier, amélioré entre Deluze et Montbéliard, ainsi que le réclamait Mahaut ; mis au gabarit de Besançon à Montreux, comme il priait le Président de la Chambre de commerce de Besançon de l'exiger, la conclusion s'imposait. Le journal de Mahaut la fait pressentir : « Il est évident qu'aussitôt que nous aurons mis toute la partie française du canal du Rhône au Rhin à grande section, les Allemands en feront autant pour la partie allemande, de Montreux à Mulhouse, et de Mulhouse à Huningue où nous touchons Bâle ».

Et cette conclusion consiste dans le canal Nantes-Bâle, dénommé le « Grand Central » navigable, comme la ligne de chemins de fer Nantes-Bâle porte le nom de « Grand Central » ferroviaire.

Ce grand canal comprend cinq tronçons :

1° Nantes à Briare	410	kilomètres.
2° Briare à Port-Royal	140	—
3° Port-Royal à Saint-Jean-de-Losne ..	107	—
4° Saint-Jean-de-Losne à Mulhouse	33	—
5° Mulhouse à Bâle	28	—
Total	718	kilomètres.

Voici l'origine de ce projet :

Au Congrès de Reims, qu'organisa en août 1907 l'Association pour l'avancement des sciences, « M. le docteur Papillon insista sur la création d'un canal qui, avec le raccourci que Jean Amelot avait proposé au roi en 1707, mettrait Bâle à moins de 900 kilomètres de Nantes ».

Mahaut, qui nous rapporte ce fait, soutint l'idée de sa persuasive énergie, si bien que les deux sections du Génie civil et militaire et de la Navigation du Congrès l'adoptèrent à l'unanimité.

Parfaitement opportun, ce rappel d'une proposition dont les avantages ne sont pas à démontrer. Par cette voie, le cœur de l'Europe est ouvert au trafic par eau, sans compter que l'on atteint le Rhin et son prolongement sur le Nord.

Grande voie de communication
entre la France, la Suisse, l'Italie, et vers l'Orient

Mais une conception plus vaste et d'une plus vaste portée avait hanté l'esprit de Mahaut six ans auparavant.

Elle soude, en un harmonieux ensemble, les idées de quatre auteurs : M. l'Ingénieur des Ponts et Chaussées Guiotton, Auguste Mahaut, M. le général Bigotti, délégué du gouvernement italien au VIII⁰ Congrès international de navigation qui se tint à Paris en 1900, et M. Loiseau, économiste à Moulins.

Celui-ci reçoit de Mahaut le titre d'auteur de ce projet, bien qu'il ne soit intervenu qu'en ce qu'il signala les conséquences néfastes pour la France du percement du Simplon, dirigea l'attention vers ce péril, et présida ainsi à la naissance du projet collectif qui nous occupe.

La Suisse formera, dans la combinaison présente, ou plutôt, son réseau de canalisation intérieure quand il sera réalisé, et il en est sérieusement question, formera le bassin central vers lequel convergeront, comme les rayons d'une étoile à cinq branches disposées sans symétrie, les lignes d'eau transeuropéennes du nord au sud et de l'est à l'ouest, dont M. Lafitte avait déjà entrevu la possibilité.

J'ai nommé : 1° Marseille-Genève ; 2° Nantes-Genève ; 3° Suisse-Mer noire ; 4° Simplon-Venise ; 5° Bâle-Mer du Nord.

Leur ordre d'énonciation sera celui de leur examen.

Le plan et les modalités de l'ensemble ont été développés par Mahaut devant la Chambre de commerce de Nevers, le 4 juin 1901, sous ce titre : « Projet d'une grande voie de communication entre la France, la Suisse et l'Italie, soit de Nantes à Venise d'une part, et de Nantes et Marseille à Genève, au lac de Neufchâtel et à l'Europe Centrale d'autre part ».

1° De Marseille à Genève, M. Guiotton va nous piloter. Il écrivait à Mahaut le 21 novembre 1900 :

« Gênes, grâce au percement du Saint-Gothard (et bientôt du Simplon) fait à notre grand port de Marseille une concurrence désastreuse, et le trafic qui, de l'Europe Centrale, arrivait à Marseille par la Vallée du Rhône, a été détourné ! Pour le reprendre, il faudrait construire un canal qui, par la vallée de l'Isère et la région industrielle de Grenoble et de Chambéry, monterait jusqu'à Genève. — Ce canal serait complété par un autre très facile qui ferait communiquer le lac de Genève (Lausanne) avec le lac de Neufchâtel. — Marseille serait ainsi en relation économique avec la belle vallée qui constitue le nord de la Suisse, et, en réalité, la seule partie habitée et riche. — On couperait absolument le trafic du Saint-Gothard et à fortiori celui du Simplon ne s'établirait pas ».

M. Guiotton entrevoyait le prolongement depuis le lac de Genève jusqu'à ceux de Neufchâtel et de Brienne, jusqu'à Soleure, Zurich et au lac de Constance.

2° Nantes-Genève :

Qui se présente à nous débarquant à Genève ? Mahaut, arrivé de Nantes par les canaux formant la partie principale de son réseau de la navigation intérieure. Il a tracé l'itinéraire de ce parcours à la Chambre de commerce de Nevers.

« Pour venir directement de Nantes à Genève par eau, nous

prendrons le canal latéral à Nantes et nous le suivrons jusqu'à Roanne.

» A Roanne, nous prendrons le canal de la Loire au Rhône, de Roanne à Givors, ou de Roanne au point terminus du canal latéral au Rhône.

» Ensuite, nous prendrons le futur canal latéral au Rhône à son point de jonction avec le canal de la Loire au Rhône, soit à Lyon ou à Givors, et nous le descendrons jusqu'à Châteaubourg.

» De ce point de Châteaubourg, nous avons jugé, avec M. Guiotton, qu'un canal greffé sur le canal des Deux-Mers Nantes-Marseille, et allant rejoindre par la vallée de l'Isère... monterait ensuite jusqu'au lac de Genève.

» La longueur de ce canal de Châteaubourg à Genève... que j'aurai des raisons d'appeler aussi deuxième canal du Rhône au Rhin, représenterait environ 230 kilomètres, qui, ajoutés aux 872 kilomètres Nantes-Châteaubourg, nous donneraient au total 1.102 kilomètres de Nantes à Genève, soit 11 francs la tonne de Nantes à Genève ».

A quai du lac Léman, pour aller au delà et traverser la Suisse, Mahaut entrevoit le transbordement par fer, le réseau de la navigation helvétique n'existant pas encore.

J'ai dit que nous avions toutes raisons de croire à une réalisation certaine de ce réseau, et avec la même confiance que M. Guiotton, je table sur cette organisation pour pousser le voyage jusqu'à la Mer noire.

3° Suisse-Mer Noire :

Mahaut l'a pressenti, mais n'en a pas supputé les modalités. Cependant, les canaux suisses créés, le rattachement avec le Danube s'impose ; et, de là, tantôt par le fleuve, tantôt par les tronçons de canaux parallèles qui le suppléent, on atteindra la mer Noire. Si on ne le fait pas directement, on y arrivera d'autre part du côté de Bâle.

Et nous sommes ainsi à la porte de l'Orient.

4° Simplon-Venise :

Si, au lieu de traverser toute la Suisse, nous gagnons le débouché du Simplon, nous rencontrons, à Domodossola, le général Bigotti en partance pour Venise par eau. Il a confié à Mahaut ses projets de réalisation d'une grande voie Nantes-Venise-Orient.

Comment ?

Vous avez suivi l'Apôtre de l'Océan au lac Léman, puis par fer jusqu'à Domodossola. Vous n'aurez, le général pour guide, qu'à descendre le Toce canalisé jusqu'au lac Majeur. De là, différents canaux vous engageront à naviguer sur le Pô, et, par un dernier canal, vous atteindrez Venise.

De Venise, deuxième route sur l'Orient.

Une autre voie, plus directe que celle du Pô, suppose la remise en état de l'ancien canal Bereguardo et l'évitement de Milan.

5° Bâle-Mer du Nord :

Mahaut nous a fait envisager l'éventualité d'un deuxième canal du Rhône au Rhin.

C'est que, tout en ne supposant pas un réseau complet de navigation intérieure en Suisse, il a été amené à relier le lac de Genève à celui de Neufchâtel.

Ecoutez-le :

« Mais ce n'est pas tout ; cette grande ligne de canaux Nantes, Roanne, Lyon, Givors, Genève... pourrait se continuer jusqu'à Neufchâtel, aux portes de Bâle et du Rhin... L'idée de ce canal, plus tard deuxième canal du Rhône au Rhin, est due à M. l'Ingénieur des Ponts et Chaussées Guiotton ».

De là par le Rhin, c'est l'ascension jusqu'à Anvers et la mer du Nord, jusqu'à la pointe de notre étoile.

Le projet de Mahaut, ou, à tout prendre, la combinaison des projets Mahaut, Guiotton, Bigotti, est l'ébauche d'un système général de navigation intérieure européenne.

Elle se résume pour le moment à cette formule au présent superbe, et chargée des plus belles espérances pour l'avenir :

« La mise en communication par voies d'eau intérieures de la Méditerranée et de l'Océan avec la mer Noire, l'Adriatique et la mer du Nord ».

Même dans ce cadre restreint, veuille le lecteur enfermer

tous les facteurs de trafic et de prospérité en germe, et il rendra grâce à Mahaut d'avoir su provoquer le concours des hommes aux larges vues, que sa foi ardente inspirait, et d'avoir su former de leurs vastes et hardies conceptions un plan d'ensemble.

CHAPITRE VI

ORGANISATION DE L'EXPLOITATION DU RÉSEAU DE LA NAVIGATION INTÉRIEURE EN FRANCE

Organisation technique

L'utilisation pratique et efficace d'un réseau général de la navigation intérieure en France nécessiterait d'abord une administration autonome.

J'aborde ici la question d'un Ministre des canaux, ou, mieux, des voies navigables. Mahaut en parle à l'instigation de M. Léopold Ramel, capitaine au long cours, qui lui indique que, pour le plus grand bien du service, ce chef suprême existe en Hollande.

Ainsi, dit l'Apôtre dans le numéro 10 de son journal *La Navigation par les Canaux* : « On nous présente un programme de grands travaux de 700 millions, et il s'agit de le discuter et de savoir s'il est complet. Pour cela, il nous faut un comité et un pareil comité implique un grand chef ». Aucunement embarrassé pour le choix, Mahaut présente sept candidats à ce poste. Il désigne même le secrétaire général du nouveau ministre.

C'était aller trop vite en besogne.

Des objections furent faites, qui rappelèrent notre organisateur à de moindres ambitions. Dans une lettre à M. Barthou (18 novembre 1906) sont proposées simplement « deux directions distinctes pour les Travaux publics : l'une pour soigner la voie ferrée et lui faire rendre le maximum de satisfaction que le pays attend d'elle ; l'autre pour soigner la navigation intérieure, que j'ai déclarée, proclamée « prouvée à l'état d'enfance », écrit-il.

En ce qui concerne l'agencement de la navigation, Mahaut a dû envisager les moyens de répondre à certaines observations, et d'effectuer certaines améliorations. Ainsi, on a dressé l'obstacle des grandes différences de niveau difficiles à racheter. Or, plusieurs moyens sont actuellement de pratique courante et efficace. Ecluses jusqu'à 10 mètres de hauteur, qui sont les plus économiques, ascenseurs tels qu'il en existe un qui fonctionne en toute satisfaction aux Fontinettes, plans inclinés utilisés aux Etats-Unis et proposés en France, s'offrent à l'emploi, suivant les circonstances.

On a beaucoup parlé de la traction mécanique. Elle est fort discutée. Le 23ᵉ numéro du journal devait lui être consacré !

Des explications données par l'Apôtre au Congrès national de la Navigation qui se tint à Nancy en 1909, ressort son avis sur la question. Il estime et déclare, preuves en mains, que la traction animale est la plus sûre et la plus économique. La mécanique suppose d'abord un monopole, ce à quoi Mahaut est opposé par principe. Aucune traction mécanique, qu'elle soit électrique ou autre, ne sera pratique aussi, que lorsque les éclusées suivront la marche en bief, sans accumulation possible des bateaux. Cette continuité synchronique ne saurait être assurée en dehors de l'équipement complet des canaux et du jumelage des écluses.

Une question très importante est celle de l'équipement des ports des canaux, facteur essentiel du transit rapide. Plusieurs ports sont insuffisamment pourvus d'engins de levage, ou d'appareils de transbordement, principalement aux points de rupture de charge. Et puis, combien, même d'une certaine importance, ne sont pas encore raccordés aux voies de fer ! Mahaut insiste et rappelle la parenté du rail avec l'eau.

Je clos ce chapitre, qui demanderait un grand développement, sur cette phrase :

« Compléter le réseau ferré, compléter le réseau navigable ; marier les deux réseaux fer et eau aussi souvent que besoin se fera sentir ; c'est le vœu que je forme pour la prospérité du pays ».

Organisation financière pour l'achèvement du réseau navigable en France

Question d'argent, question de vie ou de mort ; objection trop longuement vraie des adversaires à court d'argument :

« Vous voyez beau, vous voyez grand, mais cela coûte trop cher, Monsieur Mahaut ! ».

Mahaut dit quelque part que cette apostrophe « le fait bondir ».

Il ne me semble plus intéressant de traiter la question de l'aménagement du système des canaux point par point, tant les conditions financières ont changé depuis les estimations données par Mahaut ou par les personnages les plus compétents.

Le chiffre global était de 2 millions en 1910.

Et c'est à juste titre que Mahaut s'indignait quand on lui opposait l'importance de cette somme : « Comment ! — disait-il partout, et a-t-il maintes fois écrit — comment ! les Français ont engagé 28 milliards dans des entreprises extérieures, et on s'étonne d'investir 2 milliards des capitaux nationaux pour des travaux d'utilité nationale ! »

Cette question des modalités financières relatives à l'établissement du réseau navigable, dut éveiller la sagacité des économistes, et préoccuper de longtemps les canalistes.

Une combinaison de 1872 part de ce principe que l'Etat a inscrit 32 millions au crédit des travaux nouveaux. Il n'aurait, au lieu de les dépenser par année, qu'à les verser d'un seul coup. Un emprunt gagé sur ces fonds serait fait par les collectivités intéressées. Le capital recueilli reviendrait à l'Etat qui se chargerait de l'exécution. Une taxe minime compléterait au besoin le service des intérêts, taxe sur la navigation naturellement.

De M. Charles Roux le système suivant :

Le Parlement vote en bloc les crédits nécessaires, et, après étude complète et adoption d'un plan d'ensemble, on ouvrira les chantiers. Nul doute qu'on trouvera aisément de quoi faire face aux dépenses avec la garantie d'intérêts de l'Etat, et avec l'aide des collectivités, des Syndicats intéressés et des Chambres de commerce.

Dans sa seconde brochure, M. Pergeline traite la question à fond pour le seul canal latéral à la Loire. Son système aurait pu être appliqué aux autres. En voici l'économie :

L'Etat prend à sa charge la moitié de la dépense. Les 25 départements intéressés fournissent le reste, au prorata de l'urgence de leurs intérêts qui les fait diviser en trois classes. Chaque département emprunte la somme qu'il doit fournir, s'engage à voter les ressources nécessaires pour gager le service des intérêts et de l'amortissement. D'une taxe de 7 millimes 50, perçue sur la batellerie, peut être escomptée la récupération du capital.

M. le sénateur Tassin estime, lui, qu'avec un centime de taxe kilométrique portant sur un produit de 8 millions de tonnes transportées de Briare à Nantes, soit sur 385 kilomètres, l'Etat, en limitant la rémunération du fonds commun à 5 %, pourra, sur l'excédent des recettes que procurera le seul trafic international, prélever l'intérêt à 3.50 % de la moitié de la construction, moitié qu'il prendra à sa charge.

La plus récente proposition est de M. Audiffred et de Mahaut ; celui-ci y participe pour défendre le principe du rétablissement d'une taxe qu'il avait combattue en 1875, et qu'il n'admet que contraint et forcé, en raison de l'impécuniosité actuelle. L'Etat, dans cette combinaison, fournit 50 % et garantit l'intérêt de l'autre moitié, comme il le fait pour les chemins de fer. L'initiative de la recherche et du service des capitaux, la construction et l'entretien sont remis aux soins des Chambres de commerce et groupements intéressés, sous le seul contrôle technique des services de l'Etat.

En dernière analyse, le Gouvernement semble être entré dans la voie de l'abandon de ces constructions aux intéressés, on l'a vu pour le canal latéral au Rhône, et Mahaut s'est réjoui de l'affranchissement qui en résulte en faveur des collectivités enfin libres de leur action vis-à-vis des administrations publiques.

Quel que soit le mode de contribution financière adopté, il faut escompter le rendement qui ne peut être que certain et certainement considérable. L'Etat et le pays auraient tout à gagner. Ce seraient 350 millions de moins de donnés chaque année à l'étranger, premier enrichissement ; et des millions de produits, second enrichissement « de la fortune publique et permanente du pays », selon M. Barthou, rappelé par Mahaut.

Dernière suggestion : M. le capitaine Ramel, en indiquant à l'Apôtre l'existence d'un Ministère de la Navigation en Hollande, lui fournit les renseignements qui suivent :

Les Néerlandais ont réussi leurs travaux de récupération de terrains sur la mer, en y employant les prisonniers de droit commun. Exemple à suivre en France d'une occupation moralisatrice pour les condamnés, et économique à l'égard des finances publiques.

Et, lors du récent conflit, Mahaut conseillait de faire creuser nos canaux par les prisonniers de guerre. Faible, mais utile compensation des ruines accumulées par la sauvagerie germanique. La Chambre de commerce de Bourges insistait récemment sur l'emploi des prestations en nature pour l'amélioration du Canal de Berry.

Fête du 1ᵉʳ Juin 1925 en l'honneur d'Auguste MAHAUT

ACCOMPAGNÉES PAR LES VIELLES, LES JEUNES FILLES
CHANTENT UNE CHANSON BERRICHONNE

(Photo Beute)

CHAPITRE VII

L'ŒUVRE ACTIVE DE MAHAUT

La lutte

Afin d'apprécier l'œuvre et le caractère de l'Apôtre des canaux, et de nous rendre compte des efforts qu'il a dû fournir, suivons dans ses grandes lignes l'histoire de son action.

« La fourmi travailleuse », c'est ainsi qu'il se nomme, n'est jamais demeurée, et, encore à cette heure, ne reste pas inactive. Elle a su merveilleusement proportionner, et progressivement autant que patiemment intensifier ses efforts et ses moyens.

Dès 1870, la question des transports occupe la pensée de Mahaut ; quelques années plus tard il passe à la réalisation.

« C'est en 1874-75 que j'ai commencé à sonner la cloche d'alarme pour faire comprendre au Pouvoir que notre batellerie est agonisante, qu'il fallait absolument l'empêcher de disparaître d'abord, et la bien soigner ensuite. Et prêchant par l'exemple, je me trémoussais par la plume et par la parole au milieu de toutes les autorités ».

Sa première intervention publique se traduit par une lettre sous forme de brochure adressée à M. Girerd, député de la Nièvre, et traitant des améliorations à apporter à nos canaux.

De l'enquête ordonnée en 1876 par le Gouvernement, enquête relative aux souffrances de l'industrie, l'esprit et le cœur du patriote sont profondément émus. Ces souffrances ne proviennent-elles pas précisément de la mauvaise organisation de nos moyens de transports, qu'il signalait à M. Girerd ? Aussi bien il entreprend de le prouver, et se propose de faire supprimer d'abord la taxe qui « étouffait la navigation », et de faire substituer aux tarifs différentiels par fer, tarifs de concurrence à la batellerie, les tarifs proportionnels.

« Les droits de navigation, peut-il écrire, je les ai fait tomber par un travail opiniâtre de 1875 à 1879, aidé de mes alliés, M. Guyot, ancien député du Rhône, et M. Audiffred, député de la Loire.

» Les chemins de fer, je les ai combattus dans ce qu'ils avaient de critiquable ».

Successivement, forment l'objet de son attention : la meilleure alimentation des canaux de Briare, du Loing, de Berry, et, corrélativement, la construction du canal Moulins-Sancoins. Il lance l'idée du canal de la Loire à la Garonne. Il est mis en vedette par son intervention à propos de la régularisation du Rhône, objet de ses véhémentes protestations. Pour être mieux connu et mieux soutenu, il se fait affilier à l' « Union du Commerce, de l'Industrie et de l'Agriculture pour l'Achèvement des Voies navigables ».

Un grand programme d'équipement et d'outillage est à cette époque apparu nécessaire. M. de Freycinet l'a présenté et fait voter par le Parlement les 5 et 6 juin 1879.

Ce programme comprend le canal latéral à la Loire, ouvre de vastes horizons aux désirs de Mahaut et à une organisation générale de la navigation intérieure.

Manque de ressources ; ajournement à l'infini.

Cependant, le malaise de tous les transports devient tel, que M. Millerand, ministre du commerce en 1899, institue une « Commission d'enquête sur la réorganisation des Transports français »; et quand le problème de relier Nantes à l'intérieur est à nouveau posé, le Comité de la Loire navigable, créé en 1895, et qui a répandu ses projets par de nombreuses conférences, se trouve prêt à faire dominer ses vues.

Mais Mahaut est là. Convaincu par expérience de la supériorité du canal, il ne permettra pas que dépenses et profits sombrent dans l'eau du fleuve indomptable.

Que le Comité de la Loire navigable suscite un Congrès à Blois ? il demandera à y être entendu ; qu'on lui refuse la parole ? il tentera la conciliation. Trois fois en dix-sept jours, il insiste auprès de M. Linyer, président, pour essayer d'arriver à une entente, dans le but d'étudier avec le Comité la meilleure solution, et de s'y ranger loyalement ensuite.

Il n'a pas plus de succès. Sa modération est toutefois inlassable, puisqu'en 1903, en 1905, en 1908, il offrira encore d'entrer en pourparlers. Quinze démarches entreprises pendant le cours de la lutte seront ainsi demeurées vaines.

Pas d'accord possible ; c'est la guerre.

Voici donc que la Loire navigable et le canal latéral vont s'affronter sans trêve ni merci.

Bien que seul en face des partisans nombreux et organisés de M. Linyer, Mahaut songe à organiser l'offensive. Il cherche l'homme intéressé à la navigation et compétent qui le comprendra, et, par son autorité et sa notoriété, le fera comprendre. Il le trouve en M. Pergeline, président du Tribunal de commerce, et ancien membre de la Chambre de Commerce de Nantes, auteur d'une brochure sur les *Inconvénients de la Loire*. Au premier contact, sous forme d'une visite, l'entente est complète. Les deux lutteurs se concertent, et les hostilités commencent le 1ᵉʳ juillet 1899.

Toutes les armes seront mises en œuvre et en concordance : brochures, congrès, onze conférences, discours, polémique de presse, essais d'accord (nous l'avons vu), démarches, lettres aux présidents de la République, aux ministres, parlementaires, conseillers généraux, maires, ingénieurs des Ponts et Chaussées et personnalités de toutes professions et conditions, fondation d'un journal, d'une société aux multiples filiales. Mahaut a la foi, le mordant, la méthode, la persévérance. Il mènera le combat.

A peine est-il entré en action que s'offrent à lui les concours des canalistes et des auteurs de projets. Ceux-ci lui adressent leurs propositions, qu'il s'assimile en les combinant avec les siennes, et dont il devient l'avocat et l'animateur. Toute l'attention canaliste se concentre sur lui. Chargé de tout soutenir et vivifier de son activité et de son verbe, le voilà devenu définitivement « l'Apôtre des canaux ».

A cet apôtre, les disciples ne manqueront pas, aussi dévoués qu'influents.

M. Pergeline fut, je l'ai dit, son premier soutien. Successivement, M. le professeur Gallouedec, puis M. Janin, président de la Chambre de commerce de Montluçon, M. le comte de Rougé, membre du Conseil général de Maine-et-Loire, M. Audiffred, député de la Loire, MM. les sénateurs Guingand, Tassin, l'amiral de Cuverville, le comte de Maillé, l'ingénieur Guiotton, le général italien Bigotti, MM. Schleiffer et Schaller de Strasbourg, les maires de 60 communes riveraines de la Loire, les Chambres de commerce intéressées à l'équipement de la navigation intérieure, et un nombre formidable d'hommes éclairés et compétents, se rangent sous son drapeau canaliste.

Cette masse de manœuvre est mise habilement en travail quand et là où elle peut agir efficacement. Entrons rapidement en action avec elle et avec les événements.

Les premières escarmouches sont engagées par une lettre au ministre Millerand, afin d'être entendu à la Commission sénatoriale des voies navigables, une déposition devant la Commission d'enquête sur nos moyens de communications, réunie au Ministère du Commerce le 16 juillet 1900, une réplique à M. Lafitte, orateur du Comité de la Loire navigable à la Chambre de commerce de Nevers. Et, simultanément, une nombreuse et insistante correspondance va stimuler les partisans, combattre les critiques, déloger l'adversaire.

Surgit un premier événement aussi utile pour l'œuvre qu'encourageant pour l'Apôtre. Le 25 septembre 1900, un Congrès de 33 Chambres de commerce se tient à Montluçon. Les avantages des canaux sur les fleuves y sont reconnus ; un programme est établi, englobant les principales revendications présentées par Mahaut ; un Comité de sept membres est formé pour soutenir ce programme. Aussitôt après paraît : « Le dernier mot d'Auguste Mahaut, au premier Congrès national des Travaux publics français ».

L'action s'intensifie. Premier succès : prise en considération des canaux Moulins-Sancoins, et de la Loire au Rhône par le Conseil supérieur des Ponts et Chaussées.

Deuxième victoire : sur la proposition de M. Baudin, ministre des Travaux publics, la Chambre des députés admet un programme de travaux portant sur 26 sujets, de l'ordre de 700 millions. Réserve est faite, à la demande de M. Audiffred, de la question de la Loire navigable et du canal latéral, étant entendu que 14 millions seront employés à l'aménagement du fleuve, seulement si les essais entrepris de Chalonnes à l'embouchure de la Maine, soit sur 14 kilomètres, et qui coûteront 1.800.000 francs, sont définitivement concluants. Mahaut se déclare satisfait.

Satisfaction que j'enregistre comme une victoire, tant la solution intégrale était difficile à obtenir. Satisfaction malgré tout. Cependant, peut-on permettre l'expérience de régularisation ? Non, répond Mahaut ; non, insistent dans leurs pétitions 60 Conseils municipaux riverains du fleuve qu'ils redoutent ; non, dit le Conseil général de Maine-et-Loire, qui, à l'instigation de M. de Rougé, et malgré la pression du Comité de la Loire navigable, refuse de voter la somme de 250.000 francs lui incombant pour les frais du travail. Le Comité de la Loire navigable ne peut obtenir une nouvelle convocation de l'Assemblée départementale, afin de la faire revenir sur sa décision, et il faut que Nantes, Saumur, Chalonnes et d'autres villes s'engagent pécuniairement pour suppléer à la défaillance d'Angers.

Au Sénat, la lutte est plus dure. Enfin, la 3e Sous-Commission (voies navigables), après les explications de son rapporteur, M. Tassin, et de l'amiral de Cuverville, accepte de proposer :

1° Le maintien du canal latéral à la Loire selon le nouveau programme général des voies navigables ;

2° L'exécution immédiate du tronçon du canal de Tours à Angers ;

3° La réserve de la solution de principe d'un canal depuis Angers jusqu'à Nantes, ou de la Loire navigable, tout en acceptant les essais de régularisation du fleuve.

C'est encore une satisfaction qu'un tel résultat. C'est aussi, par l'article réservé, la preuve de la puissance des partisans de la Loire navigable groupés en un Comité homogène. Il ne reste plus à Mahaut qu'à donner une semblable cohésion à ses troupes et par le même moyen.

Il songe à faire renaître à cet effet l'Union du Commerce, de l'Industrie et de l'Agriculture pour le relèvement de la navigation intérieure », association tombée depuis 1880 dans l'oubli total, et à lui préparer une arme puissante, en l'espèce un organe de propagande des idées canalistes. Le journal *La Navigation par les Canaux*, dont Mahaut est le fondateur et l'unique rédacteur, paraît, dans ce but, la première fois le 1er mai 1902. Evénement important, création d'une grande portée, dont la durée trop éphémère (22 mois) ne permit pas d'obtenir le plein rendement.

Mais revenons au Parlement et à ses délibérations touchant la navigation intérieure.

Nous avons vu le projet Baudin accepté par la Chambre des députés et en partie par la Sous-Commission du Sénat ; que vont décider la Commission et le Sénat ?

Hélas ! Tout le bel échafaudage des espoirs canalistes est renversé.

Malgré les efforts de M. Tassin, les conclusions de la Commission sont défavorables. Alors, les travaux acceptés étant réduits de 26 chefs à 18, les crédits (700 millions de francs) tombent à 250, dont 138 millions 500.000 francs seulement à la charge de l'Etat. Les intéressés fourniront le surplus. Le canal latéral de Tours à Nantes ne figure plus au programme, pas plus que ne s'y retrouvent les autres, ni l'agrandissement du canal de Berry, ni l'amélioration des ports de Nantes et de Brest.

Seuls du plan général ont trouvé grâce les tronçons de canaux de Combleux à Orléans et de Marseille au Rhône.

De plus, la Commission demande que la déclaration d'utilité publique en matière de travaux publics soit prononcée par le Parlement, et non par le Gouvernement.

Mesure grave, qui donnerait plein champ à l'arbitraire et à l'insidieuse lenteur des bureaux.

Déception des canalistes !

Déception de l'Apôtre dont la lettre à M. Maruéjouls, ministre des Travaux publics de cette époque, reflète toute l'amertume (lettre en date du 30 novembre 1902).

Déception ! oui ; capitulation ! jamais.

Et, malgré tout, Mahaut inscrit depuis ce jour en exergue de son journal :

« FRANCE, TU RENAITRAS ! »

Le moment est opportun, le Sénat ne s'est pas encore prononcé sur les propositions de la Commission, les circonstances sont pressantes de fonder une Société de propagande, dont la composition et l'organisation assureront la diffusion des idées canalistes et leur succès dans les délibérations de la Haute Assemblée. Aux personnalités la composant s'attacheront un crédit et une confiance, que le simple agent de navigation comprend et avoue humblement ne pouvoir prétendre inspirer lui-même.

Une première réunion de la « Société de propagande pour l'achèvement du réseau français des voies navigables » a lieu le 24 juin 1903. On y discute les statuts qui définissent le but et les moyens de la Société : « éclairer l'opinion publique en France sur l'importance du réseau de navigation intérieure et tout ce qui s'y rattache ».

Pour atteindre ce but, la Société se propose :

1° D'organiser une action de propagande par tous moyens utiles ;

2° De provoquer et rechercher tous documents et renseignements ayant trait à l'objet de la Société ;

3° De subventionner les études techniques intéressant l'œuvre ;

4° De fonder des filiales.

Les statuts sont adoptés, un bureau est nommé provisoirement.

Mahaut a remarqué que le principal objet de la campagne, les canaux, ne figure pas dans le titre de la Société.

Ce lui est insupportable. Il presse, il insiste et obtient ce qu'il veut. Le titre est ainsi complété : « Société de Propagande pour l'achèvement du réseau français des canaux et voies navigables ». On s'en tient là.

Entre temps, le Sénat a discuté les conclusions de la Commission, et les accepte le 18 juin 1903.

Cet échec était escompté !

Il motive la constitution définitive de la Société à l'assemblée générale du 23 novembre 1903.

On nomme le Comité. Prennent place au bureau :

Président : M. Audiffred ;

Vice-présidents : MM. Tassin, Mahaut, Dupuis, Paufique, Bajard ;

Secrétaire : M. Caquet.

La Société se réunit souvent sur l'initiative de son président ou la demande de M. Mahaut.

Celui-ci, prêt à rompre sur le terrain de l'action directe, navré, mais non découragé de la décision du Sénat, laisse la Société agir officiellement ; mais, il prend auprès des députés des départements riverains de la Loire, les mesures de sauvegarde nécessaires. Il les supplie, dès que réapparaîtra une nouvelle motion sur la navigation intérieure, de faire rétablir les canaux dans le programme. Tout au moins devront-ils faire bloc, afin d'obtenir le minimum acceptable :

Canal Moulins-Sancoins ;
Mise à grande section du canal de Berry ;
Canal de la Loire au Rhône.

Le moment semble venu d'une nouvelle sollicitation d'accord avec la Loire navigable, afin de faire comprendre aux protagonistes de la régularisation l'inutilité et l'inanité des essais prévus.

L'Apôtre se heurte à un nouveau refus obstiné et en appelle à l'opinion publique. Il proclame :

> *L'avenir parlera,*
> *La France jugera,*
> *L'Histoire enregistrera.*

C'est à ce moment critique que disparaît, avec quel serrement de cœur pour son fondateur, le journal *La Navigation par les Canaux*, dont le 23ᵉ et dernier numéro paraît en mars 1904. Les fonds provenant des abonnements sont insuffisants pour le maintenir, les siens propres épuisés.

Ne pouvant mieux faire, l'Apôtre continuera son action sous des formes moins dispendieuses : projet de congrès à Lyon, formation de la première filiale de la Société de propagande, et surtout fédération des Chambres de commerce du Centre, réunies au siège de celle de Bourges en une Commission interdépartementale des voies navigables du Centre, en 1905.

C'est de la manœuvre dispersée quant à l'action, concentrée quant au but à atteindre.

Et Mahaut continue sans faiblesse, soit par sa correspondance formidable, soit par la proposition de fédération de toutes les Sociétés qui s'occupent de navigation, à grouper en un faisceau homogène tous les moyens d'aboutir.

Le Gouvernement, édifié sur l'urgence de l'organisation des voies navigables, fait remettre à l'étude le plan Freycinet. M. Barthou, ministre des Travaux publics, écrit au vice-président du Conseil supérieur des Ponts et Chaussées, le 2 avril 1908 :

« Cette étude portera essentiellement sur les quatre points suivants :

» 1° Travaux de premier établissement ou d'amélioration :

» *a*) Classés au programme de la loi de 1879, mais non exécutés ;

» *b*) Proposés, mais non admis au programme de la loi de 1903 ;

» 2° Nouveaux travaux à prévoir ;

» 3° Lignes de trafic international, dites de pénétration vers l'Europe Centrale ;

» 4° Voies et moyens d'exécution ».

Aucune suite ne fut donnée dans le sens de la réalisation.

Mahaut décide alors de se jeter lui-même à corps perdu dans la mêlée. Il paraît carrément sur la scène publique et donne sa première conférence le 26 août 1908. Dix autres suivront.

Pendant ce temps avaient lieu les fameux essais de régularisation de la Loire. A quoi ont-ils abouti ? Je l'ai dit plus haut. On peut être assuré que Mahaut et ses partisans les ont étroitement suivis et surveillés. Par eux-mêmes, ils ont fait l'expérience du mouillage insuffisant ; mis en garde le ministre contre les constatations dans des conditions préparées ; protesté contre la constitution d'une commission de contrôle exclusivement technique, juge et partie, et non mixte, malgré les promesses contraires.

Au reste, la meilleure preuve de l'impossibilité de régulariser la Loire devait sous peu être fournie par les inondations qui bouleversèrent les travaux.

Les questions canalistes demeurent quelque temps officiellement dans l'ombre. Tout de même, le Conseil supérieur des Ponts et Chaussées prend en considération la nécessité de l'amélioration de la branche du canal de Berry, depuis Montluçon jusqu'à Marseilles-les-Aubigny, en mettant 20 % à la charge des intéressés (1909).

Du côté de l'Apôtre, ni paix, ni cesse. Il donne plus que jamais de sa personne. Réunions et correspondance dominent cette période de son activité. Ce n'est pas sans résultat.

D'une part, les organismes qu'il a fédérés décident de réclamer le canal latéral à la Loire ; et, par ailleurs, les riverains du Rhône multiplient projets et conférences, afin d'obtenir le leur.

C'est la poussée lente, patiente, irrésistible, qui anime les volontés et les énergies en faveur du réseau de la navigation intérieure. On la perçoit. Elle se fait plus intense, plus unanime : elle va ébranler les esprits et jeter bas les résistances ; Mahaut triomphe ! Dans son enthousiasme, il annonce que l'ère d'avènement des canaux va déchaîner « une révolution économique en 1910 ! ».

1910 passe. Revient au Sénat la discussion sur la Loire navigable et le canal. Il ne se produit aucun changement.

Cette année voit encore l'activité de l'Apôtre se développer avec une énergie farouche. Il veut étendre les sphères d'influences favorables à ses idées canalistes, et en délimiter l'action le long des voies d'eau projetées. Sur une carte que nous donne sa brochure : *La Navigation intérieure et les Canaux*, il a disposé ces groupements.

Nouvelle forme de coalition, qui se réalise en novembre 1911, par la Fédération des Sociétés d'initiative de Tours, Nantes Angers, Orléans.

Nouvelle victoire, enfin ! victoire éclatante, et cette fois sur l'adversaire principal, le Comité de la Loire navigable. Il est reconnu, au Congrès des Travaux publics de 1912, à Paris, et au Congrès de Tours, en 1913, que les essais faits pour la régularisation de la Loire n'ont pas abouti : c'est-à-dire que la Loire n'est pas navigable. A la suite, et lors de la réunion des Chambres de commerce du bassin de la Loire à Orléans, le 24 mai 1913, est consacré le recul officiel des partisans de la Loire navigable. Le Comité qui, jusqu'à ce jour, persistait dans son obstination à vouloir équiper la Loire depuis Orléans, reporte le point de départ à l'embouchure de la Vienne.

1914 ! Guerre contre les ennemis du dehors, suspension de la lutte canaliste à l'intérieur.

L'Apôtre ne reste pas inactif ; il reste apôtre et son zèle pour la chose publique ne se ralentit pas. Certes, il a beau jeu de triompher dans ses prévisions toujours échafaudées sur l'organisation du réseau canaliste. Sans abandonner celle-ci, son esprit se tourne du côté de la solution des grands problèmes que soulèvent les hostilités.

En 1917, il regarde autour de lui. Toujours valide et vaillant, debout sur la brèche, Mahaut est seul du bureau de la Société de propagande. La mort a emporté MM. Audiffred, de Cuverville, Pauliat, et d'autres, d'un dévouement et d'un concours si puissants. Il ne reste que la ressource de fusionner la Société de propagande avec l'Association de la Navigation française, en décembre 1917. Ce n'est d'ailleurs pas là un temps d'arrêt, ni un abandon. Les démarches continuent. Avec insistance, l'Apôtre demande à être entendu par le Sénat en 1918, par la Chambre des députés en 1922.

Il assiste aux congrès et conférences, et ne manque pas d'y porter la bonne parole. Et quand, enfin, M. Le Trocquer, éclairé par l'expérience onéreuse de quatre années de pénurie des transports, décide le Conseil des ministres à soumettre à la signature du Président de la République les projets d'agrandissement du canal de Berry, et de celui du Nivernais, il ne manque pas l'occasion de rappeler que c'est là une faible partie du programme d'ensemble. Seule, la complète réalisation de celui-ci pourra, efficacement, opérer le relèvement et assurer la prospérité des transports.

Deux satisfactions ont été données depuis à l'Apôtre des canaux. M. Le Trocquer présenta pour 1923 le grand programme des Travaux publics, qui comprenait la construction des canaux de la Loire au Rhône, et du canal latéral à la Loire d'Orléans à Angers. D'autre part, le Bureau permanent des Chambres de commerce du bassin de la Loire, réuni à Orléans, a examiné un plan de ce dernier ouvrage dû à M. Jeannin, ingénieur en chef des Ponts et Chaussées, que le Ministre des Travaux publics avait chargé de ce travail (8 octobre 1925).

Mahaut entrevoit, dans ces mesures, l'espoir de la révolution économique annoncée en 1910.

Il sent la difficulté de son action personnelle, malgré que l'âge n'ait refroidi ni son ardeur, ni ses convictions, ni son dévouement. Il confie à la Ligue maritime et coloniale le soin de le remplacer dans cette partie de son œuvre, mais n'en continue pas moins, par la parole, comme il l'a prouvé au dîner des *Nautes* à Paris, le 19 juin 1926, et par la plume, à lutter pour la prospérité du pays par les canaux et les voies navigables.

Les résultats

Après une campagne de plus de 50 années, des efforts si grands, des luttes aussi ardues et si multipliées, une action concertée, menée avec des hommes de la plus incontestable compétence et de la plus haute autorité, qu'a obtenu l'Apôtre des canaux ?

Quels ont été les résultats ?

Minimes apparemment, véritablement énormes. En réalité, seuls les canaux de Marseille à Arles, et de Combleux à Orléans, ont été faits. Seuls, le canal de Berry de Montluçon à Marseilles-les-Aubigny, et le canal du Nivernais ont profité de l'inscription en première urgence.

Mais il est établi maintenant, et voilà bien le fruit de cette vaste action, que la régularisation de la Loire est impossible, et que le réseau de la navigation intérieure doit être équipé et organisé au moyen de canaux. Du reste, la guerre a fait entendre sa voix impérieuse, et l'a confondue avec celle de l'Apôtre des canaux.

Il est à croire que, si notre situation financière était meilleure, et les régions dévastées rétablies, les travaux seraient entrevus dans le sens qu'il préconisait, et successivement effectués.

Mahaut a pu dire enfin, et marquer ainsi le triomphe de ses idées et de ses armes, que la Loire avait « sombré en 1912 au Congrès des Travaux publics ».

On nous a bien présenté récemment un rapport du service des Ponts et Chaussées, qui s'occupe de la mise en état de navigabilité de la Loire, donnant les résultats obtenus pour 1925. Vous pourrez y lire que, *presque* sur tout le cours, la profondeur de 1 m. 20 a été obtenue. Il appert des renseignements fournis par la V⁰ Région économique (Nantes), que, dans certains endroits, on n'a jamais pu jauger plus de 0 m. 90.

Il a fallu acheter une drague qui a coûté 700.000 francs, et des dragages continuels sont indispensables. Au demeurant, à quoi tout cela a-t-il abouti, si ce n'est à la diminution de la moitié presque du trafic antérieur à 1914 ?

Vienne une crue importante, et l'irascible fleuve se fera un jeu de tout remettre en cause, et de proclamer son indépendance.

Au moment où je relis, avant impression, cette étude sur son œuvre, je puis annoncer la grande victoire de Mahaut.

La Commission sénatoriale des voies de navigation intérieure a, dans une de ses séances de novembre 1926, « supprimé le crédit effectué aux travaux de la Loire navigable ».

Victoire partielle, mais victoire importante qui prépare
la voie à l'établissement du canal latéral, proclamé le seul
moyen de navigation possible de l'Est à l'Ouest.

Approbations et Distinctions

Les approbations les plus flatteuses ont été acquises à
Mahaut. Elles constituent les arguments qui confirment les
résultats de sa lutte courageuse. S'il me fallait relever tous
les passages laudatifs des lettres qu'il a reçues, une brochure telle que celle-ci n'y pourrait suffire.

De tous les témoignages d'estime, d'attachement, de communauté d'idées, aucun ne pouvait lui être plus sensible que
celui de se voir consulté en matière d'économie politique
générale, comme de navigation, par les membres du Parlement, par des ingénieurs en chef, invité à donner son avis
dans les Congrès, sollicité de fournir des explications à des
Commissions techniques officielles, à des fonctionnaires
français et étrangers.

Ses publications sont placées dans les bibliothèques
publiques et dans celles des Chambres de commerce, et
recherchées par tous ceux qui s'intéressent aux questions de
navigation.

Les noms de ses collaborateurs, tant de son pays que des
autres, forment une liste d'or où voisinent les plus hautes
notoriétés. Elles sont pour lui et son œuvre la plus éminente
recommandation et le plus bel éloge.

Alors qu'on lui fait attendre la plus haute distinction
française, que tous ceux qui le connaissent lui décernent
depuis longtemps, il est comblé de nobles témoignages
d'honneur par plusieurs nations et associations.

En reconnaissance des services qu'il a rendus à la mission
hydrotechnique serbe en France, le roi de Serbie l'a élevé
à la dignité d'Officier de l'Ordre de Saint-Sava, le 6 février
1920. Il recevait déjà d'Ecosse des éloges en 1880, et d'Italie

un diplôme et une médaille de mérite en 1882. La Société d'Emulation agricole, dont il fait partie, lui attribue une médaille au mois de décembre 1904.

Ses collègues lui rendent justice. Les mariniers des cinq départements de la Bretagne le nomment président d'honneur, et il reçoit de l'Union Syndicale des Mariniers de l'Ouest une plaquette en vieil argent représentant « La Marseillaise », de Rude. Et, singulier hommage des Maîtres bateliers de France, leur Fédération, réunie en Congrès le 20 juin 1913, « a acclamé M. Mahaut comme l'Apôtre du bien, la personnalité de l'honneur, lui donnant droit au respect, ainsi qu'à la considération positive, de tout homme de sens et de sentiments français. Et, pour marquer son affection et sa profonde reconnaissance, le nomme Membre d'honneur de la Fédération, donne son nom à la salle des séances du Conseil, tout en l'inscrivant sur le Livre d'or, comme Grand Maitre de la Batellerie Française ».

Trente Chambres de commerce lui adressent des encouragements et des approbations. Celle de Marseille fait mieux, et lui offre, dans un écrin frappé à son nom en lettres d'or, son jeton d'argent.

La dernière en date, La Ligue Maritime et Coloniale, « désireuse qu'elle est, déclare son président, M. Rondet-Saint, de rendre hommage à votre admirable et long effort », décerne à Mahaut une médaille d'argent avec diplôme.

Sans orgueil comme sans modestie, l'Apôtre écrit à M. Piélin, président de la Chambre de commerce de Nevers, le 26 juillet 1925 : « J'ai en portefeuille tout ce qu'un homme peut souhaiter pour satisfaire son amour-propre, et sa récompense émane des patriotiques clairvoyances françaises et étrangères ».

Celles-ci ont voulu dorer le soir de sa vie de dévouement et de labeur désintéressé d'une auréole de gloire. Elles lui ont offert un souvenir artistique et une fête. J'en ferai le récit à la fin de cette brochure.

Bibliographie

L'œuvre écrite de Mahaut a été estimée à la valeur de 20.000 pages ; elle fut son moyen de divulgation le plus considérable et le plus efficace. Il n'a d'ailleurs laissé passer aucune occasion de saisir par correspondance tous ceux qui, de près ou de loin, pouvaient s'intéresser à son œuvre, et même ses adversaires.

De ses publications imprimées et de sa correspondance, deux pièces de sa demeure sont combles.

Il est l'auteur de 56 brochures, dont quelques-unes comportent la réunion de plusieurs lettres.

Je donne les principales dans l'ordre et sous les rubriques qu'il adopta :

1° — 1875 — Lettre à M. Cyprien Girerd, député de la Nièvre, sur les « Droits de navigation et l'amélioration urgente des canaux » ;

2° — 1876 — Lettre à la Chambre de commerce de Roanne. « Navigation intérieure » : Droits de navigation ; imperfections de voies navigables ; leur funeste influence sur le trafic général et la batellerie ;

3° — 1877 — Lettre à la Chambre de commerce de Paris. Comme quoi, en fait de navigation, la ligne de la Manche à la Méditerranée ne doit pas absorber toute l'attention de l'Etat et de la Chambre de commerce de Paris ;

4° — 1879 — *Des Transports.* Tarifs différentiels, tarifs proportionnels ; droits de navigation ; canal de Roanne à Givors ; note sur le canal de la Loire à la Garonne ;

5° — 1889 — *L'Idée de la Loire navigable combattue par Auguste Mahaut ;*

6° — 1899 — *Suite à la question de la Loire navigable et du canal latéral ;*

7° — 1900 — *La lumière faite sur l'équivoque de la Loire navigable ;*

8° — 1900 — *Des Transports. Fleuves et Canaux,* dédiée à la Commission d'enquête pour la réorganisation des transports français ;

Fête du 1er Juin 1925 en l'honneur d'Auguste MAHAUT

M. GUILLIEN, PRÉSIDENT DU COMITÉ MAHAUT,
PRONONCE SON DISCOURS

9° — 1900 — *Le dernier mot d'Auguste Mahaut*, dédié au premier Congrès national des Travaux publics français ;

10° — 1900 — *La Loire et l'Elbe. Le Canal latéral à la Loire* ;

11° — 1907 — *Le Canal de Berry en danger de mort et les moyens de le sauver.* Lettre à MM. les Sénateurs et Députés ;

12° — 1908 — *La Voie navigable de Briare à Nantes.* Cinquième question traitée par Auguste MAHAUT à la Commission interdépartementale des voies navigables du Centre, réunie sous la présidence de M. A. HERVET, président de la Chambre de commerce de Bourges, le 7 juillet 1908 ;

13° — 1909 — *Le Canal des Deux-Mers de Marseille à Nantes et les canaux du Berry*, d'après les communications faites par Auguste MAHAUT au Congrès de Clermont, organisé par l'Association française pour l'avancement des sciences ;

14° — 1909 — Proposition d'union des deux camps du canal latéral à la Loire et de la Loire navigable ;

15° — 1909 — *La Navigation intérieure*, dédiée à M. le Ministre des Travaux publics MILLERAND ;

16° — 1910 — *La Navigation intérieure et les Transports*, dédiée au Commerce, à l'Industrie et à l'Agriculture, et à tous les membres de la Société de propagande pour l'achèvement du réseau français des canaux et voies navigables ;

17° — 1910 — *Le Simplon et ses conséquences ; un canal aussi utile qu'insoupçonné* ;

18° — 1913 — *La ligne navigable Nantes-Bâle.* Les quatre canaux des Deux-Mers.

Dans une liste, Mahaut classe parmi ses brochures le journal *La Navigation par les Canaux*, dont j'ai dit qu'il fut le fondateur et l'unique rédacteur. Cette œuvre est trop importante pour être confondue dans la masse.

22 numéros parurent mensuellement de 1902 à 1904. Du 23, nous n'avons que « les adieux à ses abonnés » et les titres des études préparées ; du 24°, l'énoncé du sujet principal qu'il devait traiter.

Lisez dans MAHAUT, toujours bon joueur, chevaleresque

paladin que ne saurait abattre la défaite honorable, alors que le but est atteint, ces « adieux à ses abonnés » ; vous serez édifiés sur l'élévation de ses sentiments et la noblesse de son caractère :

« *La Navigation par les Canaux* aura vécu deux ans moins un mois, du 1ᵉʳ mai 1902 au 30 mars 1904, période pendant laquelle elle a atteint son but, la constitution du Comité qu'elle avait annoncé !... Je mourrai pauvre et content d'avoir rendu service à mon pays avec l'appui de tous les membres souscripteurs qui composent ladite société, et un grand nombre d'hommes de progrès qui représentent les diverses branches de l'intérêt général...

» Adieu donc à mes abonnés, à mes chers souscripteurs... J'étais marinier, je me suis fait journaliste par devoir...

» Mon devoir est accompli, je ne serai plus dorénavant que marinier, puisque je me suis donné tout entier à mon pays, que j'ai tout sacrifié et qu'il m'est impossible de faire davantage ».

Ce n'est pas sans un profond regret que l'on envisage, d'après ce qui parut et d'après les sentiments de l'auteur, que notre pays n'ait pu récolter les fruits de la continuation de l'action journalistique de Mahaut.

Avec combien d'à-propos n'appelait-il pas le travail d'élaboration et de conception d'une œuvre à laquelle sa profession l'empêchait de consacrer les heures du jour : « les mille et une nuits d'Auguste Mahaut » ?

De toutes ses études, de toutes ses publications, de sa volumineuse correspondance, il a élevé un immense édifice.

Il en figure une vaste construction dont les pierres sont les copies de ses lettres, et ses volumes.

Au centre, le corps principal a cinq étages avec mansardes. La toiture est surmontée de girouettes. De chaque côté, une tourelle. Chacun y est reçu et loge à l'étage que réclament sa dignité comme son importance.

Le premier hommage en fut offert à M. Millerand, pour lequel le château fut ainsi décrit :

1° Le premier coup de pioche aux fondations, c'est-à-dire mes premières démarches ;

2° Les fondations représentées par une trentaine de lettres des Chambres de commerce ;

3° Le rez-de-chaussée : Président de la République, ministres, anciens ministres, amiraux et préfets ;

4° Deuxième étage : Conseillers généraux et d'arrondissement, maires, conseillers municipaux ;

5° Troisième étage : commerce, industrie, agriculture, navigation, sciences, ingénieurs et Ponts et Chaussées ;

6° Quatrième étage : divers documents concernant la Société de propagande en 1903 ;

7° Cinquième étage : ce qui concerne la presse.

Les tourelles de droite et de gauche renferment un grand nombre de pièces concernant les fleuves Rhône et Loire et les canaux latéraux au Rhône et à la Loire ».

CHAPITRE VIII

UTILISATION DES EAUX DES FLEUVES AU POINT DE VUE DE L'IRRIGATION ET DES FORCES MOTRICES

Mahaut n'a pas eu seulement en vue l'application de l'eau captée et régularisée au moyen des canaux pour la navigation. Il aurait voulu étudier et exposer ses avantages et ses meilleurs modes d'utilisation pour l'irrigation et la production de l'énergie mécanique. Trop étendu était son programme, trop maigres ses ressources de divulgation.

Et, cependant, telle importance revêtait pour lui cette face de la question, qu'il indiquait sur la couverture de son journal *La Navigation par les Canaux* comme l'un des quatre objectifs de cette publication : « l'utilisation des eaux des fleuves au point de vue de la navigation, de l'irrigation, et des forces électriques et hydrauliques ».

Nous trouvons quelques indications y ayant trait à travers ses œuvres.

Dans la brochure : *Des Transports, Fleuves et Canaux,* à propos du Rhône : « Le Rhône, comme généralement tous les fleuves et rivières, ne servira, à la fin du siècle prochain (xxᵉ), qu'à l'alimentation des canaux, et à irriguer les plaines arides, là où besoin sera, et à produire des forces motrices hydrauliques et électriques le long de son parcours ».

L'exemple d'un canal anglais qui, n'ayant que peu d'utilité au titre des transports, est conservé comme moyen d'irrigation, figure dans une de ses publications. Il cite, en exemple, le barrage d'Assouan qui régularise le Nil et fertilise l'Egypte.

Quant à l'énergie que pourraient produire les eaux, il y fait allusion à propos du canal latéral au Rhône, en opposition avec celle que produit à un prix si élevé le charbon anglais. Rapprochement saisissant et piquant contraste : la houille bleue française contre la houille noire d'Angleterre.

CHAPITRE IX

IDÉES ET PROPHÉTIES DE MAHAUT EN POLITIQUE, ÉCONOMIE POLITIQUE, QUESTIONS MILITAIRES, MARITIMES, AGRICOLES, FINANCIÈRES ET SOCIALES

Tout est lié fort étroitement, de ce qui peut contribuer à la prospérité des peuples. De l'étude d'un facteur particulier, l'homme aux larges conceptions et à l'esprit averti qu'était Mahaut devait reculer jusqu'aux extrêmes limites ses vues d'ensemble.

Il aborde la politique et écrit à M. Briand, président du Conseil, le 31 décembre 1925 : « Je considérerai toujours que la meilleure politique se trouve dans les questions économiques ». De ce point de vue, maires, conseillers d'arrondissement, conseillers généraux doivent (lettre au *Matin*) s'occuper de leur ville, de leur arrondissement, de leur département, tandis que les députés, actuellement en surnombre de moitié, traiteront les intérêts de tous les Français, sans particularisme, sans se lier à aucun parti.

Ils seront des compétences désintéressées.

Aux ministres la stabilité assurée par les renouvellements partiels, rarement complets des ministères. Comme bases de gouvernement : protection des faibles, liberté de conscience et d'enseignement, celle-ci contrôlée par l'Etat par certains règlements, suppression des monopoles d'Etat.

Du général passant à l'actualité, Mahaut confie ses appréciations à M. Millerand dans ses lettres des 25 janvier, 2 et 28 avril 1914 : « On voit deux Chambres composées d'un millier d'hommes, occupés plusieurs années à trouver l'X d'un problème qu'une douzaine d'hommes clairvoyants connaissant les sentiments du peuple indiqueraient en quelques semaines ». Une liste d'hommes capables de former un ministère, comme il le comprend, suit cette déclaration. Plus tard, il en fournira une autre lui semblant répondre aux difficultés du moment.

Comme remède à toutes les machineries des politiciens qui conduisent la France à sa perte, la proportionnelle en matière électorale, et la révision constitutionnelle pour restreindre le suffrage qui n'aurait dû devenir universel que par paliers, en suivant la progression de l'éducation politique, lui semblent les meilleures panacées.

La politique internationale se rattachait directement à ses ambitions de mettre la France au premier rang des nations.

N'avait-il pas consacré un article de son journal à « l'influence anglaise sur les actions françaises », influence qui pèse si lourdement sur nos destinées, et préparé l'étude intitulée : « La course américaine ou la seule crainte de l'Angleterre ? »

Bientôt, les événements de la guerre durent solliciter son attention, et lui suggérer d'intéressantes solutions aux problèmes de la paix.

La guerre, il sut la prévoir ; la paix, il l'aurait voulue avantageuse et efficace.

A ses oreilles avaient résonné, dans son cœur étaient gravées, les paroles pleines de menace prononcées par le prince Frédéric-Charles de Prusse, après 1870 : « Il faut que les victoires que nous remporterons aujourd'hui sur les armes ne soient que le prélude de celles que nous remporterons plus tard sur les terrains industriel et commercial ».

L'équipement des voies navigables devait parer à la lutte commerciale, ainsi qu'à la lutte par les armes. J'ai relevé de la correspondance et des rapports de l'Apôtre certains passages relatifs à ses prévisions, et dont je donne quelques extraits caractéristiques :

« Le but oublié : Qu'une guerre survienne, et on reconnaîtra que tout ce que j'ai dit était utile, et qu'il faut l'exécuter le plus tôt possible...

» Dans quatre ans, c'est mathématiquement prouvé, les forces navales allemandes, comme marine de guerre, balanceront les forces navales de l'Angleterre et de la France réunies (1910) ».

A la 10ᵉ Assemblée générale de la Société de Propagande : « ...il ne faut pas oublier qu'alors que nous manquons de canaux et de relations directes avec nos ports, l'Allemagne possède 19 lignes de pénétration en France, chacune pourvue de ses stations militaires et de son matériel spécial à chaque corps d'armée, tandis que nous devrions soustraire au matériel de nos chemins de fer 6.000 vagons et 400 machines ».

« Le danger, peut-il dire en toute vérité, je l'ai proclamé dans tous les endroits (suivant ma devise) à nos hommes de gouvernement et à tous nos corps constitués ».

La guerre gagnée, que sera la paix ?

Nous pouvons, en ce temps de misère, en apprécier le rendement. Mahaut l'avait annoncé le 13 juin 1919, dans une lettre à M. Vigier, sénateur de la Loire : « Il ne résulte pas moins du traité de paix que la France et l'Italie auront remporté une victoire aussi ruineuse que belle ».

Comme bases essentielles d'une vraie paix : « Il fallait, écrit-il, que l'esprit de justice passe avant tout et que les Alliés restent unis jusqu'à ce que l'Allemagne ait payé tout ce qu'ils auraient décidé ». Lettre à M. Millerand, le 23 mai 1924.

La reconstitution de l'Europe devant être consécutive à la paix, Mahaut indique en quelques traits comme il la conçoit.

Union des Alliés pour l'étouffement du bolchevisme d'abord, puis « laisser les petites nations se conduire en pleine indépendance en supprimant toute agression de l'une envers l'autre... Pour le bonheur du monde, il faut que la nation qui a déclaré la guerre au genre humain soit dans l'impossibilité à tout jamais... de recommencer ».

En matière de reconstitution intérieure, alors que M. l'Intendant général Rimbert avait été chargé d'étudier les moyens de remédier à la crise alimentaire, donc à la vie chère, Mahaut lui fait part de ses idées. A son avis, notre sol est assez riche en productions de toutes sortes pour que nous puissions nous suffire. Qu'on interdise l'exportation des animaux et des produits alimentaires, alors la difficulté sera conjurée, les restrictions seront abolies. Au reste, les colonies doivent apporter à la métropole un contingent capable de balancer la production avec la consommation nationale. Les échanges avec elles seraient facilités directement par l'équipement des voies navigables. On assurerait le ravitaillement de charbon en temps de guerre, ainsi que l'approvisionnement intérieur en denrées, lesquelles pourrissent sur les quais des ports, à cause de la crise des transports.

D'aucuns seront portés à incriminer Mahaut d'avoir combattu le projet d'un canal des Deux-Mers capable de faire circuler à travers la France des cuirassés de fort tonnage au point de vue de la défense nationale. A ceux-là, il répond que ce canal serait moins désirable que l'ensemble d'un réseau à section moyenne, pouvant porter des péniches de 300 tonnes, qui ne coûterait pas plus cher que le seul Canal des Meux-Mers à large section.

A côté des voies navigables, celles par fer. L'Apôtre dut s'en occuper dès le commencement de son apostolat, j'en ai touché quelques mots. Substituer aux tarifs différentiels les proportionnels, ce qui fut en partie réalisé ; supprimer le grand Chaix, instituer un barème à la portée de tous, avec unification des tarifs, voilà ce qui constitue ses particulières revendications en matière ferroviaire.

L'opinion de Mahaut est que le rail et l'eau doivent s'entr'aider. Au passage de ses lettres que je citai à cet égard, ajoutons celui-ci : « On me fera justice qu'à chaque fois que j'ai parlé des chemins de fer, si j'en ai fait ressortir les côtés sujets à la critique, je n'ai pas négligé non plus de faire ressortir les avantages qu'ils rendent au pays ».

Son activité embrasse d'autres domaines et des sujets extrêmement variés, dont les militaires et les maritimes. L'innovation de certains engins de grande puissance, tels que la torpille anglaise à longue portée, a ému le patriote clairvoyant. Il en parle dans son journal, et propose de leur opposer les croiseurs « d'un armement moyen et d'une vitesse supérieure, destinés à couler les navires marchands qui font la fortune de l'Angleterre ».

Mahaut attira aussi l'attention sur le développement des

flottes étrangères, en particulier sur celui des grandes lignes anglaises et allemandes, qui se substituent aux nôtres dans nos propres ports.

Ce n'est pas en vain qu'il est « membre délégué de la Société française d'Emulation agricole ». Au fait, à quoi serviront les fleuves... fleuves inutilisés pour les transports ? Il nous l'a dit, à irriguer et fertiliser le sol. Telle est sa contribution à la solution de la question agricole.

Les conceptions financières de Mahaut reposent sur la politique d'un équipement complet de la navigation intérieure. Ne nous en étonnons pas.

Combien de fois n'a-t-il pas répété que gagner du temps sur l'organisation des transports était amasser de l'argent ? A M. Captier, il expose « qu'il serait infiniment regrettable que des travaux s'engagent dans cette section (d'Angers à Nantes) qui ne donneraient jamais de résultats... On verrait alors que ce serait de l'argent et du temps perdus.

« Quatorze millions et, sans doute, quatorze années. Et les années perdues causeraient un plus grand préjudice que les quatorze millions jetés à la Loire. »

Et quand arrive la période de crise financière qui nous étreint, il est parfaitement autorisé à dire que si les deux milliards nécessaires pour l'aménagement complet des canaux avaient été dépensés en temps utile, la France ne serait pas en cette mauvaise posture. On aurait recouvré 20 millions pour ce qui concerne la Loire, 100 millions pour le Rhône. Dans l'ensemble, économies faites et gains accumulés par l'Etat et les particuliers, se chiffreraient par plusieurs milliards !

Les questions sociales ont été traitées par Mahaut spécialement en ce qui concerne l'orientation professionnelle. Il avait en vue le parti à tirer du sol de la métropole et de celui des colonies, ce dernier réservé aux hommes hardis et ardents. L'étranger s'expatrie, le Français a le tort de rester trop enclin à la tranquillité familiale.

En faveur des éclusiers, il a demandé le repos de midi et celui du dimanche.

Enfin, il avait des raisons de cœur pour s'occuper des aveugles, il l'a fait avec tout son cœur.

Ami lecteur, après avoir parcouru l'œuvre si vaste réalisée par cet homme, ne serez-vous pas tenté de dire avec M. Massenet, inspecteur général d'hydrographie au ministère du Commerce : « Je ne me doutais pas du travail gigantesque et si patriotique que vous avez entrepris » ?

CONCLUSION

Mahaut atteignit en partie son but ; l'écrivain a-t-il obtenu le résultat que le Comité attendait de lui ?

Il n'ose y prétendre tant l'homme fut grand et si considérable se présente son œuvre. On ne pourrait mieux les apprécier l'un et l'autre que ne l'a fait en ces quelques mots le Bulletin *Mer et Colonies*, organe de la Ligue maritime et coloniale, dans son numéro de mai 1926 :

« Un demi-siècle de labeur, de luttes et d'efforts, de vaillante et généreuse propagande, tant par la plume que par la parole, par le livre et la conférence, pour l'amélioration de notre réseau navigable, pour donner à la France les canaux qui lui manquent, assurer son avenir économique, et lui ouvrir des horizons nouveaux, telle est, en résumé, l'œuvre accomplie par M. Auguste Mahaut, l'Apôtre de la Navigation intérieure, l'adversaire de la Loire navigable, et l'un des plus grands serviteurs économiques de la France ! »

CHAPITRE X

L'APOTHÉOSE

Le 1er juin 1925, se déroulait, à Marseilles-les-Aubigny, la fête en l'honneur d'Auguste MAHAUT. Par une après-midi ensoleillée, ses compatriotes et ses amis, rassemblés à l'hôtel de ville, forment un long cortège. En tête, le drapeau des Anciens Mobilisés, suivi de la « Philharmonie de Fourchambault », dont la voix puissante et mélodieuse rehausse l'éclat de la cérémonie.

Au son alerte des pas-redoublés, on se rend à la demeure de l'Apôtre des Canaux. Des mains amies ont enguirlandé la façade avec un soin pieux et un art consommé !

Là sont présents : MM. Guillien, Hervet, Piélin, Magdelenat, Colonel Delécluze, Lamy, Hauet, Docteur Crasson, Raffestin-Nadaud, Docteur Subert, Lévêque, Léger, Guyonnet, Raoul Toscan, Montagnon, membres des Comités, et de nombreuses personnalités.

Auguste Mahaut, accompagné de Mme Mahaut, de sa fille et de ses fils, prend place derrière la Philharmonie. Le cortège se dirige vers le parc de M. Servois, qui l'a mis gracieusement à la disposition des organisateurs, afin que la fête puisse s'y déployer dans un cadre de verdure et de fraîcheur. Sur le perron du château, naturellement disposé en manière de tribune, prennent place M. Mahaut, sa famille, et le bureau du Comité.

Une ornementation de grand goût a disposé fleurs et festons le long de la rampe ; par devant, la batellerie est symbolisée, comme le motif de la cérémonie est souligné par la figuration d'une péniche délicatement ornée. De gracieuses Berrichonnes, vêtues du costume régional, l'encadrent, fleurs naturelles, qui vont offrir des fleurs au héros de la fête, et égrener les facéties joyeuses de leurs monologues et de leurs chants. Une assistance nombreuse et sympathique s'étend en un large demi-cercle.

M. Guillien, président du Comité actif, ouvre la série des discours.

Il présente les excuses du poète Achille Millien, et, largement, exprime les sentiments qui animent tous les admirateurs, les amis, les compatriotes de l'Apôtre des Canaux, sentiments que représentent et la cérémonie actuelle et l'offrande d'une plaquette artistique, et la brochure qui perpétuera l'homme et l'œuvre. Tout cela est dit et bien dit, et se trouve à la fin de cet ouvrage.

La *Marseillaise* éclate sur les dernières paroles de

M. Guillien, tandis que la plaquette est remise à Auguste Mahaut, qui la reçoit avec un bon sourire.

M. Hervet, président de la XIXᵉ Région économique et de la Chambre de Commerce de Bourges, rappelle, à son tour, l'œuvre d'Auguste Mahaut, à laquelle il a été mêlé, et qu'il a encouragée de tout son pouvoir. Je cite son éloquente péroraison :

« Que votre vie si remplie, toujours consacrée au travail et dévouée au service de la Patrie, soit un modèle sans cesse présent à nos yeux ! Que votre exemple nous guide dans la voie du bien ! Avec raison, on dira un jour : Mahaut n'a n'a pas été seulement l'Apôtre des Canaux, il aura été l'apôtre de ses compatriotes berrichons, l'apôtre de ceux qui transforment, en le traduisant dans notre langue, le chant d'Outre-Rhin, et prennent pour devise :

» *La France au-dessus de tout !* »

En quelques mots, « l'Apôtre » de tous ces apostolats remercie avec émotion les orateurs, et aussi les souscripteurs qui, appréciant son labeur et son œuvre, ont répondu à l'appel du Comité. Avec effusion, avec force, il affirme son inébranlable foi dans les canaux, et clame :

« *Des canaux ! des canaux !* »

L'hommage de la Chambre de commerce de Nevers lui est présenté par M. Piélin, président.

Allocution méthodiquement ordonnée, tableau saisissant des luttes de l'ardent jouteur, où nous trouvons habilement brossés en quelques traits son action et ses plans, et dont le texte, cité plus loin, peut seul donner une idée juste.

M. le Docteur Crasson, de Marseilles-les-Aubigny, nous ouvre la porte d'un foyer où, souvent, il s'est assis. Il a pu y apprécier la vie noble et digne d'une famille que l'honneur et le travail guident et préoccupent, comme y est considéré, avant tout le reste, le souci de la gloire et de la prospérité du pays.

Du charme de l'intérieur, nous abordons la diffusion extérieure quand, au nom des techniciens, M. Hauet, ingénieur, ancien élève de Polytechnique, officier de la Légion d'honneur, dans une improvisation de haut caractère, salue Auguste Mahaut : « Sur combien de points le marinier n'a-t-il pas éclairé la science des ingénieurs ! A l'usage, ils ont compris la valeur de ses avis, de ses conseils, de son œuvre. Cette œuvre déborde le cadre local, et, déjà, elle a été consacrée par des solutions pratiques, par une notoriété mondiale ».

M. Hauet le rappelle et dit son admiration, sa reconnaissance et celle des hommes de métier sincères.

Hommage précieux, inattendu, et dont la valeur est proclamée par des applaudissements nourris.

A l'harmonie des paroles succède la mélodie musicale, aux graves orateurs et aux discours les jeunes filles rieuses et leurs aimables chansons.

Auguste Mahaut clôt la fête officielle par une vue d'ensemble sur sa signification.

Il répand sa gratitude et son cœur dans l'expression des sentiments qui l'animent violemment. Ce serait déflorer son discours que l'analyser ; aussi est-il rapporté plus loin.

Avec enthousiasme, la foule l'acclame et applaudit. La « Philharmonie » exécute une marche brillante et reconduit Mahaut triomphalement jusqu'à sa demeure.

Des divertissements publics prolongent cette fête, fête d'amis et d'admirateurs, fête de famille, fête du pays de Marseilles-les-Aubigny. J'ajoute que le triomphe est trop mesquin pour l'importance de l'œuvre et la valeur de l'Apôtre des Canaux.

Au reste, tous les orateurs ont formulé le vœu que la plus haute récompense nationale couronne un jour sa vie de patriote, et de travailleur obstiné et éclairé !

C'est donner rendez-vous à ceux qui ont assisté à la première glorification d'Auguste Mahaut, pour la suprême et prochaine apothéose.

APPENDICE

Discours de M. GUILLIEN, prononcé à la fête du 1er Juin 1925

Les nombreuses années passées dans votre très proche voisinage m'ont valu l'honneur de présider le Comité chargé de poursuivre l'œuvre ébauchée en septembre dernier par le journal *Paris-Centre*.

Ai-je mérité cette confiance de mes collègues ? Rien n'est moins certain, mais je dois dire que, par leur bienveillante et assidue collaboration, la tâche m'a été rendue facile et même fort agréable.

Qu'ils en soient ici, du fond du cœur, remerciés.

Cet honneur me vaut le privilège de prendre le premier la parole à cette fête.

Je ne la garderai pas longtemps.

Mon rôle doit se borner à exprimer nos remerciements à tous ceux qui, répondant à nos appels, ont voulu donner à cette cérémonie toute son ampleur et tout son éclat.

Merci encore aux gracieuses jeunes filles, aux aimables dames, qui ont orné cette tribune. A tous ceux qui ont contribué à l'organisation locale de cette fête.

Que dire de la mise à notre disposition de ce cadre charmant par M. Servois ? Il l'a fait à mon appel d'une manière si simple et si franche que j'en ai été profondément touché. Je suis sûr de traduire la pensée de tous en le remerciant aujourd'hui bien vivement.

Plusieurs manquent ici, dont nous regrettons l'absence. Ils déplorent, autant que nous-mêmes, les empêchements qui les retiennent aujourd'hui loin de nous.

Nommons, en particulier : M. le Préfet du Cher, M. Yves Guyot, ancien ministre ; le Président de la Chambre de commerce de Strasbourg, retenu par la visite de M. le Président de la République ; M. Chausson, administrateur-directeur des Etablissements Poliet et Chausson, généreux souscripteur ; M. Boiffin, de Nantes ; M. Bardot ; Docteur

Rappin, de Nantes ; M. Morillon, président du Syndicat de la Batellerie ; M. Balme, de la Ligue nautique Franco-Suisse, qui nous ont adressé leurs excuses.

D'autres sont retenus par leur état de santé, comme notre Président d'honneur et poète éminent, Achille Millien, à qui j'envoie d'ici nos vœux de prompt et complet rétablissement.

Ce devoir de ma charge accompli, j'arrive au motif qui nous réunit.

Ce n'est pas, j'imagine, un spectacle de nature à trop vous émouvoir, mon cher Monsieur Mahaut, que celui de vos amis assemblés pour vous fêter, car il est arrivé déjà — et tout récemment encore — de les voir se serrer à vos côtés pour vous témoigner leur sympathie et leur affection.

Eh bien ! ces amis sont de nouveau groupés aujourd'hui pour renouveler ces sentiments, et y ajouter autre chose ; quelque chose qui ne disparaisse pas avec eux-mêmes, mais qui puisse, au contraire, braver les injures du temps. A cet effet, leur admiration a été inscrite en caractères durables pour qu'elle puisse être indéfiniment rappelée à la postérité.

Beaucoup ont fait grief aux Pouvoirs publics de n'avoir point encore fleuri votre boutonnière.

C'est alors qu'il convient de rappeler ce que disait, en 1912, M. Isaac, ancien ministre, à M. Bajard, à l'occasion du trentième anniversaire de sa présidence à la Chambre de commerce de Roanne. M. Bajard, non plus, malgré ses nombreux mérites, n'avait pas encore été l'objet d'aucune distinction honorifique, et, à ce propos, M. Isaac s'écria : « Le vrai mérite, mon cher Bajard, ne se révèle pas parce qu'on est décoré ; il existe réellement, ce mérite, lorsque tout le monde juge qu'on devrait l'être ! »

Est-ce que cette proposition ne s'applique pas exactement à vous-même, mon cher ami ? Pensez bien que personne ici n'en doute.

Aussi, pour suppléer à cette carence des Pouvoirs publics, et en attendant qu'ils aient compris leur devoir, c'est au nom des nombreux souscripteurs, dont la liste vous a été communiquée, que j'ai l'honneur et le très vif plaisir de vous remettre l'œuvre d'art qui vous est offerte à titre d'hommage et de reconnaissance pour votre inlassable dévouement à la cause publique.

Nous avons tenu à ce que cet objet représente la voie d'eau, tant et depuis si longtemps préconisée par votre chaude parole et vos multiples publications.

Il était naturel aussi que l'objet représentât les bateaux sur lesquels s'est écoulée votre robuste jeunesse ; et, enfin, votre maison, votre cher bureau d'où tant d'écrits sont sortis.

Cette œuvre d'art sera donc comme le symbole de votre vie et je souhaite que la douce émotion que vous pourrez éprouver — en fixant de temps à autre vos regards sur les quelques mots qui y sont tracés — agisse comme un cordial susceptible de prolonger encore davantage vos jours.

Nous avons voulu, enfin, que le témoignage de notre admiration soit gravé sur le bronze pour qu'il brave les injures du temps, étant exposé aux regards des générations futures.

Le meilleur moyen d'honorer les grands hommes n'est-il pas de les maintenir vivants en propageant leurs œuvres ? Or, c'est le but que vos amis se sont proposé d'atteindre, et ceci est, comme vous le savez, le deuxième article de leur programme.

Ce deuxième article est en chantier et en bonnes mains ; mais, n'anticipons pas, il viendra à son heure.

Je termine, car d'autres voix que la mienne doivent se faire entendre et leur éloquence doit être impatiemment attendue.

Cher Monsieur Mahaut, au nom des nombreuses personnes avec lesquelles j'ai dû entretenir correspondance depuis quelques mois, cet objet vous est remis et, de leur part, je vous demande la permission de vous donner l'accolade.

Discours de M. Auguste MAHAUT

« Dans cette journée solennelle, favorisée par un beau soleil, qui marquera dans les annales de la Navigation intérieure et de Marseilles-les-Aubigny, laissez-moi vous dire

mettant à son service les ressources précieuses d'une compétence professionnelle avertie, d'une intelligence éclairée, d'une conviction ardente, d'une ténacité opiniâtre, dans le but de faire comprendre au Pays combien l'organisation rationnelle et complète d'un réseau de voies navigables est un facteur essentiel de sa prospérité.

Aussi bien, de nombreuses générations de mariniers vous ont légué le fruit d'une expérience plusieurs fois séculaire et c'est en continuant leurs traditions que, de 1858 à 1870, voguant sur la Loire de Nevers à Nantes, « couchant à la paille, buvant au pichet », vous avez pris contact avec les dures réalités qui firent de vous le champion inlassablement dressé contre l'utopie du fleuve navigable.

Mais lorsque — « naturellement, logiquement », avez-vous écrit, — disparurent les flottilles de la Loire, votre attention fut appelée sur l'état défectueux des canaux du Centre et, dès 1874, commençaient vos démarches en vue de les sauver. Ce fut l'origine de votre œuvre d'apôtre.

Un premier résultat — il fut d'importance — devait bientôt récompenser votre effort : Le 1ᵉʳ août 1879, les droits de navigation, qui compromettaient l'existence même de la batellerie, étaient supprimés. Enregistrant ce succès auquel vous aviez largement contribué, vous constatiez simplement que la navigation n'était encore que convalescente et que, pour la guérir, il vous fallait rester sur la brèche.

Entre temps, d'ailleurs, vous aviez jeté les bases d'un programme qui, s'étendant peu à peu, devait aboutir au tracé d'un réseau harmonieux d'artères vivifiantes appelées à répandre la prospérité dans le pays.

Il s'agissait, tout d'abord, de mettre en communication le Bassin de la Loire et avec le Rhône et avec la Garonne. La continuation, de Briare à Nantes, du canal latéral à la Loire, la création d'un canal latéral au Rhône, le prolongement, de Montluçon à Bordeaux, du canal de Berry, eussent assuré des relations directes entre Marseille, Nantes et Bordeaux, et cela répondait à l'une de vos préoccupations essentielles : établir la liaison intérieure des ports de mer, entre eux comme avec tout le pays, et amener ainsi à notre marine marchande le fret qui lui échappe au profit des grands ports étrangers.

Au reste, Paris et Bordeaux devaient être reliés par le Berry.

Un peu plus tard, vous préconisiez, dans le même esprit, le canal du Hàvre à Paris et les communications directes entre Caen et Bordeaux par Tours, Limoges et Périgueux, entre Montluçon et La Rochelle par Limoges.

Puis ce furent, en collaboration pour une part, avec des sommités françaises ou étrangères, des projets de liaison avec la Mer du Nord, l'Europe Centrale et l'Adriatique.

Telles sont, Monsieur, imparfaitement résumées, les grandes lignes du programme que vous avez conçu, réunissant en un plan général les solutions qui vous sont propres et celles qui, par ailleurs, ont eu l'approbation de votre sens clairvoyant.

Et si, pour ne pas retenir plus longtemps l'attention, il me faut passer sous silence vos nombreuses interventions dans des sujets particuliers, qu'il me soit cependant permis de rappeler que, vous aussi, vous avez insisté sur la mise au gabarit normal du Canal du Nivernais que la Chambre de commerce de Nevers ne cesse de réclamer.

La réalisation de vos conceptions hardies exigerait de considérables dépenses et l'économiste averti qui, chez vous, double le technicien, ne pouvait manquer d'aborder le côté financier du problème. Aussi, trouve-t-on dans vos ouvrages, en regard de l'importance de l'effort à accomplir, l'estimation des avantages que l'économie nationale est appelée à recueillir des améliorations projetées. Au demeurant, celles-ci ne trouvent-elles pas leur justification dans les avertissements, vraiment prophétiques, qu'en 1900, vous donniez à la Commission d'enquête du Conseil supérieur du Commerce, lorsque votre patriotisme éclairé appelait son attention et sur les difficultés qui surgiraient pour assurer le ravitaillement en charbon, et sur la crise que subiraient les transports par fer si la navigation ne pouvait, en temps de guerre, apporter au rail une aide suffisante ?

Si la réorganisation des transports par eau fut l'idée maîtresse de votre action vigoureuse, votre esprit d'observation toujours en éveil s'est exercé dans des domaines variés. Pour ne citer que ceux qui se rattachent plus directement à votre œuvre essentielle, je rappellerai que vous vous êtes occupé de l'utilisation des fleuves et des rivières en vue de l'irrigation et de la production de l'énergie et que la collaboration si désirable des chemins de fer et des canaux a retenu votre attention.

En suivant, malgré les obstacles qui l'encombrèrent, la route si droite que vous vous êtes tracée, quels beaux exemples de foi robuste, d'indomptable énergie et de loyal désintéressement vous nous avez donnés !

Pour faire triompher vos idées, vous avez fondé un journal, créé une Société de Propagande, assisté à maints congrès, donné des conférences, écrit 56 brochures, toutes empreintes d'une rigoureuse logique et semées de pointes d'humour savoureuses. Avec une inlassable persévérance, vous vous êtes efforcé d'intéresser à votre idéal tous ceux — depuis les Maires jusqu'au Président de la République, avez-vous dit — qui, à quelque degré que ce soit, ont charge des intérêts de la Nation.

J'ai lu, dans vos ouvrages, que vous avez soigné, sans jamais désespérer de le voir fructifier, l'arbre planté par vous en 1874. Bien que tardive, hélas ! la récolte viendra. Vous l'avez abandonnée à la France. La belle manifestation d'aujourd'hui vous montre que celle-ci n'est pas indifférente à votre œuvre et que votre voix doit être écoutée. Elle confirme, au surplus, par ce qu'elle a de régional, ce qu'à son annonce vous écrivait un ancien ministre des Travaux publics, se réjouissant de constater que vous avez la rare fortune de faire mentir le proverbe et d'être prophète en votre pays.

Discours de M. le Docteur SUBERT
Président de la Fédération Morvandelle de Tourisme

.....La Province peut être fière d'un de ses enfants. Loin du tumulte des grandes villes, à l'écart de ces centres intellectuels, de ces foyers de rayonnement, hors desquels — si l'on en croyait certains — il ne peut rien exister, se développent des génies modestes qui portent au maximum toutes les vertus de la race.

Pour eux, point d'encouragements officiels, point de ces pompes où se complaît la vanité humaine, mais l'indifférence, quand ce n'est point l'hostilité sournoise ou déclarée pour tout ce qui est nouveau et ce qui est personnel. Il en a été ainsi de tous temps et les découvertes, comme les inventions, ont été d'autant plus combattues qu'elles devaient comporter d'heureuses conséquences.

L'estime profonde que ses concitoyens ont — tant pour lui que pour son œuvre — est déjà pour Mahaut un puissant réconfort qui a dû lui permettre de surmonter graduellement bien des orages ; la postérité lui rendra, certes, justice, cette justice à laquelle il a droit et qu'il a vainement réclamée dans tous les congrès et toutes les assemblées où il exposait ses idées.

L'heure est venue, le moment est proche, et votre présence ici, Messieurs, en aussi nombreuse assistance, commence l'œuvre de réparation.

Discours du Docteur CRASSON

MESDAMES,

MESSIEURS,

La très nombreuse assistance qui avait manifesté sa sympathie à Madame et Monsieur Auguste Mahaut, le jour de la célébration de leurs noces de diamant, nous permettait d'espérer une affluence au moins aussi grande le jour où serait remise à M. Auguste Mahaut la récompense qu'il a si largement méritée.

Aujourd'hui, nous constatons, avec joie, que notre espoir n'aura pas été déçu, et, au nom de la Famille Mahaut, nous vous adressons à tous nos sincères remerciements.

Mesdames et Messieurs, à vrai dire, votre empressement n'a rien qui doive nous surprendre, si nous songeons à la valeur de l'Homme que nous fêtons aujourd'hui.

Habitants de Marseilles-les-Aubigny, habitants des communes environnantes, je n'ai pas à vous présenter ici M. Auguste Mahaut. Mais la réputation de ce noble vieillard s'étend bien loin au delà des limites de notre région ; son nom est connu, ses écrits et ses nombreux travaux sont lus et appréciés non seulement dans toute la France, mais encore dans l'Europe entière.

Travailleur infatigable, doué d'une intelligence extraordinaire, M. Auguste Mahaut, pendant plus de soixante ans, a mené une vie de labeur continuel. Sans doute, c'était pour apporter la grande aisance dans son foyer ; sans doute, c'était pour donner à ses enfants la très solide instruction qui leur a permis d'atteindre un si haut rang dans la carrière qu'ils ont choisie ; mais c'était aussi, et je dirai même surtout pour augmenter la richesse et la prospérité de son pays.

Fils de transporteur par eaux, marinier lui-même, M. Auguste Mahaut s'est consacré tout entier aux questions intéressant la Navigation intérieure.

Peu partisan des fleuves, adversaire acharné de la Loire navigable, il s'est attaché à démontrer que, *seuls*, des Canaux bien entretenus et en nombre suffisant, peuvent améliorer la situation économique de la France.

Apôtre convaincu autant que désintéressé, il n'a pas craint de sacrifier son temps et une grande partie de sa fortune au triomphe de ses convictions.

Que de difficultés n'a-t-il pas eu à surmonter pour obtenir, en 1879, la suppression des droits de navigation ? A combien de Congrès n'a-t-il pas assisté, dans lesquels, lui, le vieux praticien, s'efforçait d'inculquer ses idées à des collègues de très haute valeur, c'est entendu, mais n'ayant sur la Navigation intérieure que des connaissances toutes théoriques.

Tant d'efforts et tant de sacrifices devaient attirer l'attention des admirateurs du vieux marinier. C'est pourquoi un Comité Mahaut s'est formé ; par ses soins, une souscription a été ouverte, et, grâce à la générosité des donateurs, auxquels nous adressons ici nos sincères remerciements, il a été possible d'offrir à M. Auguste Mahaut un superbe souvenir qui, certainement, sera l'un des meilleurs de sa vie, jusqu'au jour où, comme récompense tant désirée, il obtiendra la ferme promesse que tous ses projets seront exécutés.

A Auguste MAHAUT

Si la justice est lente et la gloire attardée,
Quelle que soit l'indifférence ou la rigueur
D'un temps hostile, il vient, le jour réparateur !
Il consacre, Mahaut, la généreuse idée
Qui, sans réserve, prit ton être, esprit et cœur.

ACHILLE MILLIEN.

A Auguste MAHAUT

Puisqu'en ce jour de fête on va te rendre hommage,
O Mahaut ! vieil apôtre au cœur toujours vaillant,
Ceux qui n'ont pu t'apporter leur suffrage
T'envoient par la pensée un salut bienveillant.

Ils espèrent qu'un jour ton puissant labourage
Portera ses moissons ; près du fleuve indolent,
Au cours capricieux, le canal, sans dommage
Conduira les bateaux dans le port accueillant.

CH. ACHARD.

CONCERT ENTRE FLEUVE, CANAUX ET RIVIÈRE

Par Auguste MAHAUT

La Loire, la sirène, semble me dire :

« Ingrat, tu m'as délaissée, tu m'as critiquée, je suis toujours belle pourtant ! »

Je lui réponds :

« Sans doute, si tu étais aussi bonne que belle, je t'aimerais, je te fréquenterais avec autant de plaisir qu'autrefois ; mais je te connais, ma gaillarde, tu m'as trop souvent trompé et je ne suis plus d'un âge à me laisser prendre à tes beaux yeux, j'ai même été obligé de révéler tous tes défauts en tant que navigabilité, cependant je t'aime encore par habitude ».

Le canal latéral, le géant, semble me dire :

« Vois comme je suis bel homme aujourd'hui avec mes 193 kilomètres de long ; autrefois, j'étais maigre, chétif, malade, quand tu cherchais, il y a vingt ans, des médecins pour soigner la famille des canaux.

» Aujourd'hui, je suis dispos, frais, robuste, et je peux porter lourd depuis que M. de Freycinet et des ingénieurs comme M. Mazoyer m'ont restauré, approfondi, agrandi mes écluses et donné un superbe pont qui me fait communiquer directement avec le canal de Briare, et que mon pont-aqueduc du Guétin a été remis à neuf.

» Je suis tout disposé à produire énormément, seulement il y a un malheur, c'est que je suis manchot. — Est-ce que toi qui me connais si bien, tu ne pourrais pas écrire à Messieurs les Puissants pour me faire mettre le bras qui me manque pour aller jusqu'à Nantes ? »

Je lui ai répondu :

« Tu es un bel homme, en effet, quoique manchot, et ton raisonnement est trop juste pour que je ne m'y rende pas ; tu peux compter que j'appellerai les quatre docteurs les plus célèbres à ma connaissance pour te mettre le bras qui te manque ; j'écris en ce moment à Messieurs La Raison et Le Bon Sens, La Logique et Le Progrès, et j'espère que ces quatre personnages feront bientôt de toi un homme complet, après quoi tu pourras passer chez Mesdames les Villes d'Orléans, Blois, Tours, Saumur, Angers, Nantes, qui, toutes, seront heureuses de faire connaissance d'un aussi bel homme que toi ».

Le canal du Berry, qui a écouté la conversation dans un coin, vu sa petite taille, intervient vivement et me dit :

« Mais, moi aussi, je suis manchot, et, de plus, quoique petit, mal alimenté et constamment surmené, tu le sais bien ; si l'on continue à m'écraser ainsi, je sens que je ne pourrai plus suffire, j'ai l'estomac délabré ; si tu appelles les docteurs pour mon grand frère qui n'a qu'une infirmité, comment pourrais-tu me négliger, moi qui suis si dévoué aux intérêts généraux, ce que personne ne connaît mieux que toi ?

» Mon grand frère veut aller à Nantes, rien de plus naturel ; moi je demande à aller à Bordeaux, c'est également compréhensible, mais seulement, lorsqu'on m'aura fortifié au préalable et remis sur pied, car je me sens trop fatigué pour faire la route en ce moment, je n'arriverais pas jusqu'à ce port, dont tu m'as laissé entrevoir la beauté depuis plus de vingt ans ; je n'ai pas d'ambition ni de désir exagéré ; pour l'instant, ce que je demande en grâce, ce sont les eaux de l'Allier (oh !... pas de Vichy ; elles sont trop chères), les eaux de l'Allier, par un canal de Moulins à Sancoins, me feront le plus grand bien, je le sens ; j'espère donc que tu t'occuperas de moi, pour me refaire au point de vue constitutionnel ; ensuite, je demanderai aussi le bras qui me manque ».

Je lui ai répondu :

« Tout ce que tu dis est vrai, mon pauvre nain, tu as besoin d'un régime substantiel, et, cependant, dans ta simplicité, au lieu de demander du vin de Bordeaux que tu boiras plus tard, tu ne demandes que de l'eau de l'Allier ; je reconnais bien là en toi la sagesse, l'énergie, la modestie qui te caractérisent, et je prie les quatre docteurs de s'occuper de toi tout de suite pour la question d'alimentation et d'agrandissement, et, plus tard, après ton prolongement jusqu'à Bordeaux, tu leur amèneras son vin à Paris dans d'excellentes conditions de prix et de voyage.

» Allons, c'est entendu, mes amis, j'appelle les quatre docteurs à votre secours et, dans dix ans, j'espère que vous me remercierez, malgré que vous serez toujours à la peine, mais, en cela, vous ressemblerez au reste des autres canaux, ce ne sera que logique, le principal étant :

» *A chacun sa tâche suivant sa force* ».

Tout en causant, nous avions oublié la petite rivière de l'Aubois qui gaminait à travers les prairies et qui vient de dire modestement :

« M'sieu, M'sieu, moi je ne demande rien, je suis heureuse toute petite et ne demande pas à grandir ; ma mission à moi est de faire tourner les moulins de l'Aubois, d'arroser la campagne à droite et à gauche et de procurer du bon poisson à mes amis les riverains et, finalement, d'aller faire un plongeon dans la Loire à Marseilles-les-Aubigny ».

« Tu parles d'or, mon enfant ; viens que je t'embrasse, tu es gracieuse et sage, tu sais te contenter de ton sort, c'est le secret du bonheur ».

Et voilà comment je prends plaisir à vivre ici, entre un beau fleuve et une belle petite rivière, entre un grand et un petit canal, en fredonnant parfois l'air de *Faust :*

. . . .
Et je vois passer les bateaux,
Tout en vidant mon verre.

UN PRÉCURSEUR DE MAHAUT

Un projet de Canaux français, par Léonard de Vinci

Puisque j'ai parlé de cette « Loire navigable » et du projet que l'on caressa un temps de restaurer, sur son cours si instable, une chimérique navigation, il est piquant de rappeler une opinion sur ce point, pour le moins inattendue : celle qu'émit, en 1516, Léonard de Vinci. Les mystiques de la Loire navigable se doutent-ils que, cette année-là, Vinci prit parti contre eux ? et qu'il se manifesta, en ces temps reculés, un précurseur direct de M. Auguste Mahaut, c'est-à-dire un défenseur ardent du canal.

Voilà, certes, une opinion singulièrement impressionnante, puisqu'elle vient d'un tel ingénieur ! Car, il ne faut pas s'y tromper, Vinci ne fut pas seulement le plus grand des artistes ; il fut aussi le plus génial des savants : astronome, physicien, géologue, médecin, mathématicien, mécanicien ; il sut réunir toutes les spécialités.

A Florence donc, il conçut et proposa un plan complet de navigation entre cette ville et Pise, en utilisant l'Arno. Son idée fut repoussée. Les mêmes résistances contre les plans les plus raisonnables se font jour et les défenseurs de la « Loire navigable » eurent, pour l'entêtement, des ancêtres florentins.

Plus tard, Vinci, sur l'invite de François Ier, vint en France. Le voilà, près d'Amboise, au château de Cloux, où le roi l'a installé. Période délicieuse et mélancolique de sa vie. Il contemple les horizons de la Loire, il rêve au bord du fleuve français. Sa main droite, paralysée, lui a refusé le service, mais le cerveau prodigieux travaille.

Or, Vinci, à ce moment, met sur pied le projet d'un canal du centre de la France. Le problème de la communication de la Loire au Rhône le hante. Il fait le plan d'une voie qui rejoindra la Saône et la Loire. Ce sera une voie de Sologne. Elle passera par Romorantin.

Voilà les dernières idées de cet homme de génie, la dernière combinaison que son esprit ait caressée. Mais il meurt et ne peut l'exécuter. Ainsi donc le peintre de la « Joconde » fut, en France, le « premier homme des canaux ».

Précurseur inattendu du bon Berrichon Auguste Mahaut, génie qui, cependant, nous indique quelle était la bonne voie à suivre. On a renoncé, heureusement, à l'idée de la Loire navigable, mais, depuis 1516, le réseau de canaux français reste encore à achever.

BALLADE DU MARINIER DE CANAL

J'naviguons dessus not' bateau,
Sur not' bateau qui va sur l'eau.
Hue ou dia — tire ou pousse !
Not' pur sang, il ne s'emball' pas,
Avec le charr'tier, pas à pas,
Il va tout à la douce.
Hue ou dia — tire ou pousse !

J'traversons des tas de pays,
Le ciel est bleu, le ciel est gris,
Hue ou dia — tire ou pousse !
Si l'soleil luit, c'est qu'il fait beau,
Mais s'il pleut, c'est jamais que d'l'eau,
D'l'eau qui nous éclabousse,
Hue ou dia — tire ou pousse !

J'allons d'un quai à un aut' quai,
Portant du charbon, du min'rai,
Hue ou dia — tire ou pousse !
On charg' l'arrière, on charg' l'avant,
Mais qu'il en manque en arrivant,
C'est pas ça qui m'trémousse.
Hue ou dia — tire ou pousse !

J'courons pas comme le ch'min de fer,
J'ons pas du feu dans l'derrièr'.
Hue ou dia — tire ou pousse !
Ni d'essenc' comme les autos,
Mais aussi d'nous casser les os,
J'n'nons, foutre, pas la frousse.
Hue ou dia — tire ou pousse !

L'aut' jour, il est v'nu des messieurs,
Des savants, des ingénieurs.
Hue ou dia — tire ou pousse !
Ils disaient qu'ça march'rait chiqu'ment
Si qu'on hal'rait électriqu'ment,
Gn'aurait qu'à s'tourner l'pouce.
Hue ou dia — tire ou pousse !

Sauf le respect d'l'autorité,
Moi, j'tiens à ma tranquillité.
Hue ou dia — tire ou pousse !
J'ferai ben tout c'qu'on voudra
Pourvu que j'travaille pas d'mes bras,
Moi, il m'faut pas d'secousse.
Hue ou dia — tire ou pousse !

J'naviguons dessus not' bateau,
Sur not' bateau qui va sur l'eau.
Hue ou dia — tire ou pousse !
Je m'fous pas mal qu'mon canasson
Soit mécanique ou en carton,
Pourvu qu'je m'la coul' douce.
Hue ou dia — tire ou pousse !

RECTIFICATIONS

Page 9 :

Remplacer : « M. PIÉLIN, Président de la Chambre de Commerce de Nevers et de la Nièvre, rattachée à la XIX° Région économique », *par :* « M. PIÉLIN, Président de la Chambre de Commerce de Nevers et de la Nièvre, *rattachée à la XVI° Région économique* ».

Page 16 :

Remplacer : « Si on demandait ce qu'en pense la bourgeoisie », *par :* « Si on demandait ce qu'en pense *la bourgeoise* ».

Page 96 :

Remplacer : « 2° de Fonblisse-Sancoins à Nevers », *par :* « 2° de Fonblisse-Sancoins à *Noyers* ».

Page 102 :

Ajouter à : « Soit à Selles-sur-Cher, *sur le Cher canalisé* ».

Page 110 :

Remplacer : « Le chiffre global était de 2 millions », *par :* « Le chiffre global était de *2 milliards* ».

TABLE DES MATIÈRES

ACHEVÉ D'IMPRIMER
LE 15 NOVEMBRE 1927
A L'IMPRIMERIE DE LA
NIÈVRE, A NEVERS ═

Fête du 1er Juin 1925 en l'honneur d'Auguste MAHAUT

APRÈS LA CÉRÉMONIE

(Photo Berle)

que, devant le spectacle que j'ai sous les yeux, et après ce que je viens d'entendre, mon cœur se serre de joie.

Au cours de ma longue vie, nombre de Présidents de Chambres de commerce, dont nous possédons ici des représentants autorisés, m'ont dit, qu'après avoir été à la peine, je devrais être un jour à l'honneur, — des patriotes compétents m'ont affirmé que tant de labeur ne serait pas perdu, — mais je n'aurais pu espérer une aussi belle manifestation de sympathie qu'après ma mort, et je n'aurais pas osé penser qu'une pareille récompense me serait accordée de mon vivant. A vous tous qui avez collaboré pour me l'offrir, j'adresse l'expression de ma plus vive reconnaissance.

Pour commencer, j'offre mes sincères remerciements au *Paris-Centre* qui a pris l'initiative de l'organisation de cette fête, et qui a saisi l'occasion de mes noces de diamant pour appeler l'attention de ses quarante mille lecteurs sur l'importance de mes travaux et de mon œuvre de prospérité nationale.

J'exprime les mêmes sentiments reconnaissants à tous les Membres du Comité qui se sont spontanément fait inscrire pour m'offrir un témoignage de reconnaissance publique, sous la forme d'une plaquette artistique qui sera suivie d'une brochure destinée à condenser tout ce que j'ai pu dire sur la nécessité d'améliorer notre réseau de voies navigables.

Je remercie tout particulièrement M. Guillien, président du Comité actif, pour son ardeur et son habileté à mettre en relief les efforts que j'ai déployés en vue du bien de mon pays, et qui vient de m'offrir en votre nom à tous, Messieurs les Souscripteurs, l'objet d'art sur lequel sont inscrites quelques lignes, qui me font considérer cette journée comme un jour de gloire, et c'est peut-être parce que « le jour de gloire est arrivé » que la savante Société philharmonique de Fourchambault a joué spontanément la *Marseillaise*, ce qui m'a causé une émotion bien vive et bien naturelle que vous comprenez tous... ».

M. Mahaut remercie ensuite très vivement tous les orateurs qui viennent de louer ses efforts toujours soutenus. Il adresse à M. Desmoineaux, président du bureau, et à tous les membres de la corporation des anciens combattants mobilisés, l'expression de ses sentiments très reconnaissants, pour la bonne volonté et l'empressement apportés par celle-ci tant à ses noces de diamant qu'à l'occasion de la belle manifestation du 1ᵉʳ juin. Il offre les mêmes remerciements à M. Paul Servois, pour avoir permis au Comité de préparer cette belle fête dans un ordre aussi charmant, et termine en disant que la solennité du jour ne doit pas lui faire oublier tous ses frères de métier de l'Ouest de la France, qui l'ont nommé leur Président d'honneur et l'ont remercié d'être venu présider leur banquet, le 2 août 1913, par une petite plaquette aussi, représentant la *Marseillaise* de Rude. Il leur envoie donc son meilleur souvenir, avec l'assurance d'une durable amitié.

Discours de M. G. PIÉLIN
Président de la Chambre de Commerce de Nevers

Monsieur MAHAUT,

Inlassable artisan d'une grande œuvre dont la portée dépasse les horizons de la petite patrie, vous recevez, aujourd'hui, le témoignage national d'estime reconnaissante qui vous était dû. Mais un tribut tout particulier d'affectueux éloges et de franche gratitude devait vous être apporté par ceux qui furent les témoins permanents de votre ardent labeur et qui, soucieux de l'intérêt des régions qui vous environnent, le savent intimement lié à la réalisation de votre idéal.

Ce sont les cordiales félicitations du Nivernais que j'ai l'agréable mission de vous offrir et, des deux rives de cette Loire capricieuse qui vous est familière, vous parvient ainsi un égal hommage de vos admirateurs et de vos amis.

Vous êtes, Monsieur Mahaut, l'homme d'une idée. Depuis plus d'un demi-siècle, ne ménageant ni veilles, ni deniers, vous donnez l'admirable exemple d'une fidélité de tous les instants à l'accomplissement d'un véritable apostolat,

9 782329 310169